...noma . Hall of audience

監修者――加藤友康／五味文彦／鈴木淳／高埜利彦

［カバー表写真］
蘭船入港の図
（川原慶賀画『唐蘭館絵巻』部分）

［カバー裏写真］
ケンペルの参府道中図
（ケンペル『日本誌』）

［扉写真］
江戸城におけるケンペル
（ケンペル『日本誌』）

日本史リブレット人 062

ケンペルとシーボルト

「鎖国」日本を語った異国人たち

Matsui Yoko
松井洋子

目次

舞台装置としての「鎖国」日本——ケンペルの見たもの

　一六九〇（元禄《げんろく》三）年、ケンペル（一六五一〜一七一六）を乗せた船は長崎に到着した。その一三三年後、シーボルト（一七九六〜一八六六）が長崎に降り立った。この二人には、いくつかの共通点がある。第一に、彼らはドイツ語を母語としていた。ドイツ人であった、というと正確ではない。近代的な意味での「ドイツ」という国は、二人の生きた当時はまだ存在していなかった。▲第二に、彼らは医師であり、オランダ船で来て、商館付医師として日本に滞在した。第三に、日本について広範な調査・研究を行なった。

　オランダ人が出島《でじま》に移されたのは一六四一（寛永《かんえい》十八）年のことである。その後、公的に日本に来ることを許されたのは、ヨーロッパではオランダ人だけと

▼**ドイツ**　現在のドイツ地域は、中世以降一八〇六年まで神聖ローマ帝国の支配下で領邦国家がせめぎあう状況だった。

なった。とはいえ、彼らは国の代表ではなく、オランダ東インド会社▲の職員として派遣されているのであった。そして、この「唯一」の特権と、のちに「通商の国」と呼ばれるような位置付けは、当初から約束されたものではなかった。十七世紀後半に来航した明《みん》の遺臣《いしん》の援軍要請、シャム王室船などに対して、幕《ばく》府《ふ》は個々に対応を検討していた。一六七三(延宝《えんぽう》元)年七月、イギリスはリターン号を長崎に送り、貿易再開を願った▲。長崎奉行《ぶぎょう》▲は、国書を受け取ることは拒んだが、貿易の許可については即答できず、江戸《えど》に指示をあおぎ、幕閣は検討の結果、通商を拒否する▲。一六七五(延宝三)年、オランダ風説書《ふうせつがき》▲がデンマーク船の日本来航計画を伝えた際には、事前に通商不許可を決めている▲。リターン号事件を一つの契機に、幕府は今まで個々の検討の結果そう判断してきた、「新たな外国と通商を行なわないこと」を、「原則」と考えるようになったといえよう。ケンペルが一六九〇年に来日して「この国と海外とのあらゆる交際を禁じている」(『日本誌』▲)と見たのは、上記のような過程をへて近世の対外関係が体制として確立した、まさにその時期のようすだったのである。

そして約一〇〇年がたった一八〇一(享和《きょうわ》元)年、ケンペルの論文の上記の一

▼オランダ東インド会社　一六〇二年に成立した最初の株式会社とされる。バタフィアに拠点をおき、一七九九年の解散までオランダのアジア貿易を独占した特許会社。東インドはアジア全体をさす。

▼イギリスの対日貿易　イギリスは貿易不振のため一六二三(元和《げんな》九)年平戸《ひらど》商館を閉鎖したが、貿易再開の機会をうかがっていた。

▼長崎奉行　幕府は遠国《おんごく》奉行の一つとして長崎奉行をおき、直轄都市長崎の統治とともに対外関係全般を統括させた。奉行は定員二人(一時三、四人)で、交代で長崎と江戸に在勤した。

▼イギリスとの貿易再開拒否　イギリス王室が禁制のカトリック教であるポルトガル王室と縁戚関係にあること、長期にわたって日本に来航していなかったこと、が理由とされた。

節を、志筑忠雄《しづきただお》▲は「鎖国《さこく》」と翻訳した。この言葉は、「開国《かいこく》」と対になることで、明治期以降、江戸時代の体制を語るのに、ある意味では濫用、といえるほど便利に使われ、言葉の持つストレートなイメージが、「とざされた」あり方を過度に強調し、それに対するアンチテーゼとして「開かれた鎖国」という言い方さえ生まれた。

「鎖国」の見直しは本書の本題ではないが、ケンペルとシーボルトを語ることは、彼らの訪れた時期の日本の状況と不可分である。彼らが日本について研究し、日本に関するコレクションを形成するに際して、言葉の壁や、当時の移動や輸送の速度、といった問題以上に彼らの障害となったのは、呼び方はどうあれ、異国人と日本人の接触を制限する体制であった。それは当然彼らの日本研究の方法に影響をあたえた。一方、彼らの経験がヨーロッパにおいて非常に珍重されたのも、日本が誰でも行かれる場所ではなかったからであり、それは必ずしも距離だけの問題ではなかったのである。こうした共通性と、一〇〇年をこえる年月が、二人を取り囲む周囲の状況にあたえた大きな違いの双方に着目しつつ、彼らの日本とのかかわり方を追っていきたい。

▼**オランダ風説書**　幕府は通商許可をあたえるかわりオランダに海外情報の提供を義務づけ、毎年船が来航すると商館長は通詞と風説書の文面を作成し、署名のうえ幕府に提出した。

▼**デンマーク船の扱い**　幕府は長崎奉行に、デンマークは「南蛮《なんばん》国《こく》」すなわちヨーロッパの国なのでカトリックではないが通商は許さず、来航の場合、先年の英船同様に扱うよう命じた。

▼**『日本誌』**　ケンペルの日本に関する著述。その出版については、二七〜三〇ページ参照。本書における引用には、今井正氏の翻訳を用いた。

▼**志筑忠雄**　一七六〇〜一八〇六年。オランダ通詞志筑家の養子として稽古《けいこ》通詞になったがすぐに辞職。オランダ語および天文学《てんもんがく》を学び、『暦象新書《れきしょうしんしょ》』をはじめ多くの著・訳書をのこした。

①——ケンペルの長い旅

ケンペルの故郷と当時のヨーロッパ

エンゲルベルト＝ケンペルは一六五一年九月十六日、ドイツ北部の町レムゴーに生まれた。父のヨハネス＝ケンペルは町のニコライ教会の牧師で高等学校《ギムナジウム》の監督官でもあった。母も牧師の娘、古くからこの町に住む教育熱心な家庭で、のちに兄は法学者で政治家、義弟はヘブライ語学者で牧師となった。十七世紀前半のドイツ地域は、三十年戦争によって農地の荒廃、商業の衰退、人口の減少など深刻な影響を受けた。オランダが最終的に独立を勝ちえた同じウエストファリア条約で、ようやくこの戦争は終結したが、戦争でドイツ人が勝ちえたものはなにもなかった。オランダでは黄金の時代と称される十七世紀に、レムゴーには、「魔女狩り」の嵐が吹き荒れていた。父の部下で、再婚相手の姉の夫、ケンペルの伯父にあたる牧師アンドレアス＝コッホも犠牲者の一人だった。

そうした故郷の状態が影響をあたえたのか否か、ケンペルは一六歳のときにレムゴーをでて、親戚のいるハーメルンの高等学校にはいった。その後、リュ

ケンペルが生まれたころのドイツ（木村靖二編『新版　世界各国史13　ドイツ史』より）

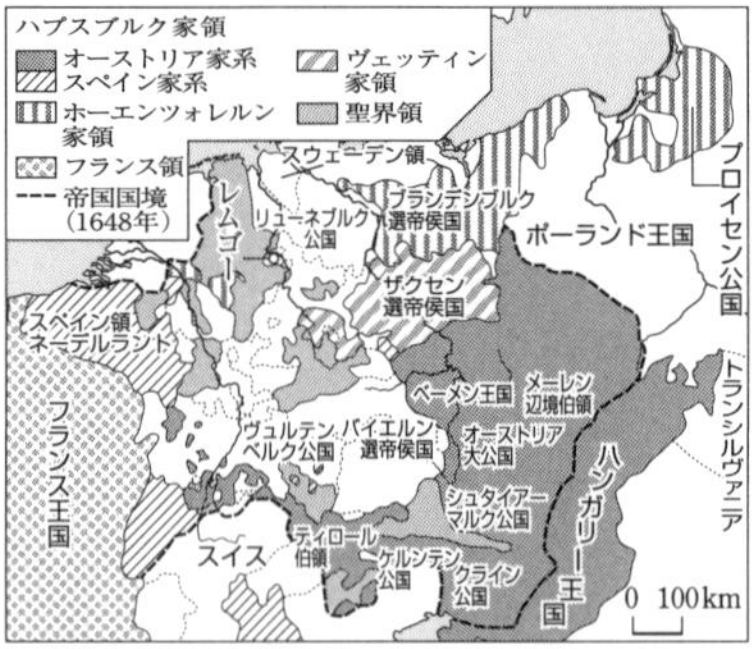

▼**レムゴー**　北ドイツのヴェストファーレン州に位置し、当時リッペ伯領。ハンザ同盟の重要都市の一つで、十六～十七世紀初めには、裕福な商人たちが学芸を保護する豊かな町だった。

▼**三十年戦争**　プロテスタントの反乱から始まった宗教戦争に周

ーネブルク、メクレンブルク、ホルシュタイン、ハンブルク、リューベックとつぎつぎに移動し、二一歳のときにはポーランド領だったダンツィヒの高等学校にはいった。これらの学校で彼は、哲学・歴史、そして古典語を含むさまざまなヨーロッパの言語を学んだ。一六七四年には彼はトールンとクラカウで医学と哲学を学んでいたことが、サイン帳▲から確認できる。一六七六年には学位を取得し、さらにワルシャワ、ダンツィヒ、ケーニヒスベルクなど各地を旅して自然科学を中心に学んだという。遍歴して学ぶ、というのは当時けっして特異なことではなかったが、彼はすでに若いときから、弔辞▲の言葉を借りるなら、「未知の場所を訪れて他の場所で自分の勉学に磨きをかけることに異常な情熱を抱いていた」ようである。旅と学問への思いが、こののちの彼の人生を決定づけていく。そして、サイン帳に垣間見える多彩な人びととの交流、多くの学問的、あるいは政治的有力者と交際する如才ない社交家としての面が、彼にその旅の人生を実現させたのだといえよう。

　一六八一年後半に、ケンペルはダンツィヒを経由しスウェーデンへ赴いた。当時のスウェーデンは、バルト海沿岸地域を支配する強国であり、学問におい

辺諸国が介入し、一六一八年から四八年にわたり、ドイツ各地が戦場となった。

▼魔女狩り　キリスト教社会における異端者への迫害で、魔女とされた人びとを裁判にかけ、処刑した。十六〜十七世紀に、フランス・スイス・イタリア・ドイツなどで猛威をふるった。

▼サイン帳　デルモルトのリッペ州立図書館蔵。ケンペルは一六七四年から九四年の二〇年間このサイン帳を肌身離さず持ち歩き、各地で出会ったさまざまな人びとがそれぞれの言語でケンペルへの言葉を寄せている。

▼弔辞　レムゴーの牧師でケンペルと親交のあった元ブランデンブルク選帝侯《せんていこう》の従軍牧師ヨハン＝バートルト＝ハッチウスによるもので、のちに出版され、ケンペルの晩年を伝える史料となっている。

ても政治外交においても活力にあふれていた。ケンペルはここでも著名な学者たちや、政治的有力者の知遇をえることにつとめ、未知の土地への切符を手にすることになる。スウェーデンがペルシアとの通商を求めて派遣する使節の書記官に選ばれたのである。この使節は、ポルトガル・イギリス・オランダなどが制海権を握る海上を避け、陸路ロシア経由でペルシアまで行こうという遠大なものであった。使節団長に選ばれたのはオランダ人のルードヴィヒ＝ファブリチウスであった。一国の使節がその国の人間でなければならないという思込みは、当時さほど強くはなかったようである。

長い旅路

ケンペルは、一六八三年三月二十日に出発し、まずフィンランドへ渡り、ののちのサンクト・ペテルブルク、ノブゴロドをとおりモスクワへ到着した。途中ロシア国境で足止めにあった際には、すかさず周囲の住民の習俗などを観察し記録している。七月十日、使節団はのちに「大帝」と呼ばれるが当時一一歳だった皇帝ピョートル一世▲に謁見し、ケンペルは利発な彼に強い印象を受けた。

▼**ピョートル一世**　一六七二〜一七二五年。ロシアのロマノフ朝の皇帝。当時異母兄のイヴァン五世と共同統治(一六八二〜九六年)。

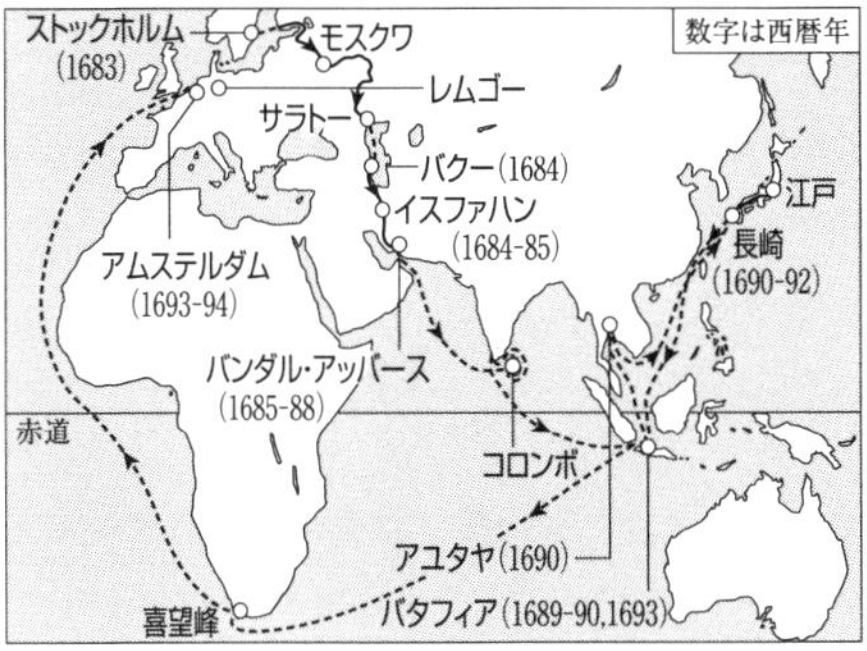

ケンペルの日本への旅の道筋（ヨーゼフ＝クライナー編『ケンペルのみた日本』より）

九月五日にペルシアをめざしてモスクワを出発した一行は、モスクワ河、オッカ河、ヴォルガ河とカスピ海まで船で進み、十一月七日、アストラハンへ到着した。ここで船を乗りかえ、カスピ海を北から南へ渡り、さらに陸路を行き、シェマハという町でイスファハンへの入市許可を待った。その間ケンペルは医療活動を行ない、その合間に馬で近郊のアプシェロン半島へ旅行し、バクーの町やナフサの噴出する油田地帯のようすなどを詳細に記録している。

一行は駱駝《らくだ》や馬を連ね一六八四年一月十四日に出発し、ペルシアの隊商の道をたどって、同年三月三十日、イスファハンに到着した。ここでも国王への謁見は遅れ、スウェーデン使節団は四カ月も待たされたが、ケンペルは、イスファハンの市街地図を作成し、記念碑や建造物をスケッチし、測量をして図面をつくり、ペルシアについて充実した調査研究を行なっていた。彼は幸運にも、宮廷に通訳として仕えていたフランス生まれのカプチン派の神父と親しくなり、トルコ語とペルシア語を学び、また宮廷や国内の事情などを聞くことができた。一方、植物学者としても、残念ながら刊行されずに終ったが、ペルシアの植物についての詳細なスケッチを含む二編の草稿をのこしている。

謁見は、七月三十日に行なわれた。スウェーデンのほかに、シャム・フランス・ポーランド・ロシアからの使節、そしてアラビアやペルシア国内の太守《たいしゅ》たちもやって来ていた。何時間にもわたる謁見とそのあとの饗宴のようすも、『廻国奇観《かいこくきかん》』▲のなかにケンペルの筆でいきいきと再現され、単に珍しいものの記述としてではなく、各地の専制君主の権力についての比較が展開されている。

謁見によって、スウェーデン使節団の任務は終った。医療の仕事はどこでも求められていたので、いくつかの招聘の話もあった。しかし、ケンペルは、ホルムズ湾のバンダル・アッバース(ガムロン)にオランダ東インド会社の艦隊が停泊していることを知ると、その船でさらに遠くへ旅することを考えた。彼は艦隊中にいた知人に宛てた手紙のなかで、それを「知識欲による病」と述べている。使節団長の推薦や熱心な運動の結果、ケンペルはまず上級医師としてイスファハンのオランダ商館につとめ、一六八五年秋、バンダル・アッバース商館の医師となるため出発した。そのときには、「インドを経てシナまで」という旅のイメージはできていたが、その先の日本はまだ、彼の視野にははいっていなかった。

▼**『廻国奇観』**　一七一二年に刊行されたケンペルの最初の著作。ペルシアを中心に、インド・日本にも言及した九〇〇ページにおよぶラテン語の大著。第五篇に日本の植物誌を含むほか、日本の鎖国、製紙に関する論文なども含む。

隊商と同行し、途中ペルセポリスなど古代ペルシアの遺跡について詳細に記録しつつ、十二月二十八日、彼はバンダル・アッバースに到着した。厳しい気候風土、また薬品の不足など劣悪な勤務環境のなかで彼自身も病気になった。さらなる旅のめどがなかなか立たないなか、ケンペルはこの地域の特産品などについて、『廻国奇観』の中核を占める研究を行なっていた。

ようやく一六八八年六月三十日、彼はインドへ向けて出発した。彼は一六八九年五月までインド亜大陸の沿岸に点在するいくつかのオランダ商館を拠点に、医師として周辺を動き回っていたようである。この期間にも風土病やタバコ・麻薬についての研究、地理学・歴史学的調査などを行なっていたが、オランダ東インド会社は沿岸に商館をおいているだけで、彼が本当に見たかったインド内陸の寺院や宮殿、動植物などに近づくことは、まったくできなかった。

インド滞在に幻滅を感じたケンペルは、一六八九年十月、植物学者の楽園といわれたジャワ島へ辿り着いた。ここで彼は、政治的にも学問的にも有力なオランダ人たちと知り合うが、その応援にもかかわらず、あまりよいポストをえることはできなかった。バタフィア▲およびその周辺の植物相や風俗習慣などに

▼**バタフィア**　現在のインドネシアのジャカルタ。オランダ東インド会社のアジアにおける拠点として、東インド総督と評議会がおかれた。

ついての広範な記録を作成しつつ、ここでの滞在に彼は満足していなかった。日本の長崎商館付きの医師というポストがあったとき、彼はそれに飛びつき、あらたな活動領域を求め、一六九〇年五月七日ワールストローム号に乗船した。ここから、『日本誌』に語られる彼のあらたな、日本への旅が始まる。途中シャムのアユタヤ▲に立ち寄り、この古い都《みやこ》の詳細な観察や政争の情報を記録した。同地から日本への嵐のなかの航海をへて、九月二十日すぎ、船は長崎湾にはいった。

　ヨーロッパから、オランダ東インド会社の船で日本まで来たほとんどの人びとと違って、彼はその旅の前半を陸路や河川・湖の船で、内陸をとおって来ている。それは海上の旅に比べ、多くの自然と異民族たちの営みを見る旅であり、ケンペルの好奇心を満たすとともに、その比較観察の目を養うものだったにちがいない。

出島のオランダ商館

　ケンペルが上陸した当時の出島《でじま》▲は、日本国内で唯一オランダ人が駐在し、貿

▼**アユタヤ**　タイ中央部の平野に一三五一年から一七六七年まで栄えた王朝の首都。十七世紀にはヨーロッパ・アジア各地からの貿易船が来航する国際都市だった。

▼**出島**　総坪数三九六九坪、外周の塀の長さは、あわせて二八六間《けん》(一間=約一・八メートル)ほど、中央の町筋は一一一間、幅一間半とされる。

▼二枚の制札　一枚は遊女《ゆうじょ》以外の女性と出家《しゅっけ》・山伏《やまぶし》などの立入り、榜示木の内側や橋の下への船の乗入れ、オランダ人の無断外出を禁じ、一枚は日本人と異国人のあいだの法度違反や悪事の企みを訴え出るよう命じたもの。

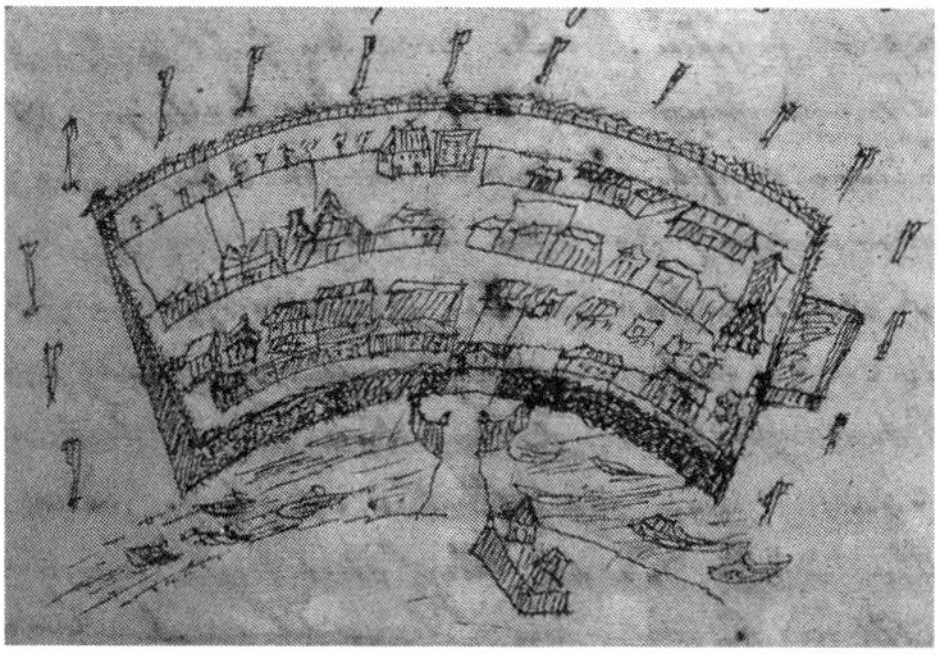

ケンペルの描いた出島

易を行なう場所であった。出島は海中に築き立てられた人工の島で、キリスト教根絶のため、ポルトガル人を、まだキリシタンが多くのこっていた市中の日本人から隔離するため、一六三四（寛永《かんえい》十一）年に築造が開始され、三六（同十三）年五月には江戸から戻ったポルトガル人たちが収容された。一六三九（寛永十六）年にポルトガル人が追放され、四〇（同十七）年六月に平戸《ひらど》にあった商館の建物の破却を命じられたオランダ人は、四一（同十八）年五月十一日、長崎への移転を命令された。

出島の周囲は、海中から築き立てられた石垣の上に塀がめぐらされ、その上には忍び返しがつけられていた。また、周囲の海中には進入禁止ラインを示す一〇余本の榜示《ぼうじ》木が立てられていた。島と長崎の町とは一本の橋でつながれており、町側の橋のたもとには、二枚の制札《せいさつ》▲が掲げられていた。扇形の右側面には、海側からの出入りのための水門があり、島の中央では縦と横の道が交差し、それにそって建物が配置されていた。この外周と道筋の基本的な配置は築造以来変わらず、ケンペルはその姿を的確なスケッチと叙述で記録している。

南の季節風に乗って船が来るのは七月末ごろからである。その数は、当初は一〇隻近い年もあったが、十七世紀の後半には減少する。ケンペルが来た一六九〇(元禄《げんろく》三)年は二隻、翌年は三隻、九二(同五)年は四隻であったが、一七一五(正徳《しょうとく》五)年正徳新令《しんれい》▲により年に二隻と決められた。船が到着すると、オランダ人と奉行所《ぶぎょうしょ》の検使《けんし》・通詞《つうじ》▲を乗せた小舟がだされ、船籍を確認し臨検、点呼、法度《はっと》の申聞かせ、書類の受取りなどを行なう。入港の手続きが終了すると、荷がおろされ、倉庫に運び込まれる。すべての船が入港したところで取引が行なわれ、輸出品が積み込まれて船が順次出発すると、帳簿が締め切られ、商館長が交替離任する。

船の出発後出島にのこる商館員はだいたい一〇人前後で、その中心は、上級商務員である商館長と下級商務員および商務助手の資格を持つ貿易担当者数人、および一、二人の医師である。▲ケンペルの名は一六九一(元禄四)年度(一〇人)、九二年度(九人)の商館員名簿に、「上級外科医　給与月額三六グルデン　東インドで雇用」と記されている。ほかに上位の館員たちが私的につれてくるアジア人の下僕《げぼく》がいた。

出島に滞在するオランダ人を管理し、貿易と江戸参府《えどさんぷ》が円滑に行なわれるよ

▼**正徳新令**　一七一五年にだされた、新井白石の立案による長崎貿易の制限令。貿易額と船数の上限を清国《しんこく》船は年三〇隻、銀六〇〇〇貫と定め、信牌《しんぱい》(貿易許可証)を発行した。オランダ船は年二隻、金五万両とし、銅の輸出量にも制限を加えた。

▼**通詞**　通訳官。その数と職階は十七世紀後半にしだいに整備され、十八世紀初めの史料では通詞目付二人、大通詞・小通詞各四人、稽古通詞一〇人、ほかに出島通詞筆者が一〇人とされる。

▼**出島に残留するオランダ人**　商館長、貿易担当者、医師に加え賄方《まかないかた》、大工・庭師・桶職《おけしょく》などの職人と下僕、船員や水夫《すいふ》、伍長《ごちょう》や砲手《ほうしゅ》などがのこる場合もあった。

う諸事を取りはからうのは、地役人《じやくにん》と呼ばれる長崎の町人《ちょうにん》身分の役人たちであった。出島にかかわる「蘭方《らんかた》」の役人はオランダ通詞と出島乙名《おとな》に統括されていた。

通詞は、通訳・翻訳を行ない、江戸参府を含めあらゆる場所に同行した。平戸時代にはオランダ人は自身の費用で通詞を雇っていたが、長崎では奉行に誓詞を提出し役料をえる役人としての通詞がつけられることになった。通詞の末端には、役料は受けず若干の語学と経験をもとにオランダ人の用をたす内通詞がおり、一六七〇(寛文《かんぶん》十)年には小頭《こがしら》一二人が設定された。

ケンペルの来たころ、宣教師たちから教育を受けたポルトガル語を話す通詞はほぼ絶えていた。通詞たちは子どもに職能を継がせようと小さいときから出島に出入りさせ、実践主体でオランダ語を学ばせたが、辞書や文法書も用いず経験的に会話を学んだ通詞のなかには、好奇心旺盛な将軍綱吉《つなよし》▲の多様な質問に対応するには力不足な者もいた。商館長たちはしばしば通詞の語学力に不満を述べてはいるが、カトリックの布教組織とは異なり、オランダ東インド会社は、日本で系統的語学教育を行なうような手間のかかることはしなかった。ケンペ

▼**徳川綱吉**　一六四六〜一七〇九年。五代将軍(在職一六八〇〜一七〇九年)。父家光《いえみつ》の死後館林《たてばやし》藩主となったが、兄家綱《いえつな》の養嗣子として将軍職を継いだ。儒教《じゅきょう》道徳に基づく政治をめざした。

ルは通詞の制度を詳しく把握しており、彼らがオランダ人の監視役であり、貿易の諸局面で私利をはかっていると指摘し、貿易は「出鱈目《でたらめ》な通訳と相手を騙《だま》しても儲けようとするずるい根性」によって行なわれていると喝破している。

出島も制度上は町であり、その支配も乙名・組頭《くみがしら》をおく町の体裁をとった。出島町人は出島に居住してはいなかったが、家持として建物と借家人であるオランダ人の管理に責任をおった。出島町人の代表者である出島乙名▲は、当初は一人、一六九六(元禄九)年以降は二人で、町年寄《まちどしより》のもとで貿易実務を行ない、出島居住のオランダ人と島に出入りする日本人を管理した。出島乙名に統括される、日行司《ぎょうじ》・組頭・乙名筆者《ひっしゃ》・出島金場《かなば》・出島料理人・出島買物使・日用《ひよう》頭《がしら》・杖突《つえつき》などの諸役人、その下の日雇いや下働きの者たちが、出島の機能を支えていた。ケンペルは、当時の乙名吉川儀部右衛門《よしかわぎぶえもん》について、「仕事の鬼」でオランダ人からはうとまれているが、なかなかの人物であると評している。

出島商館でのケンペル

商館長の業務日記のなかには、ケンペルについての記述はけっして多くはな

▼**出島乙名**　表門《おもてもん》より出島へ出入りする際に必要な札(門鑑《もんかん》)の管理、水門の内側からの施錠などの日常業務に加え、貿易期間中は出島に詰め、荷おろし・荷積み、荷物の点検や封印など取引にともなうあらゆる場に立ち会った。

いが、そこに垣間見られる彼の通常業務をあげてみよう。商館付きの医師の仕事は、いうまでもなくまず商館員の健康管理である。ケンペルの在任中にも、一六九一(元禄四)年度に商館の次席であった下級商務員のピーテル＝ファン＝ダイクが、この年の船がでた少しあとの十一月二十三日に、ケンペルの手当てもむなしく亡くなったことが記されている。こうした本来の仕事に加えて、商務員とともに取引や商館管理の仕事にかかわることもあった。たとえば、一六九一年の六月十五日には、下級商務員のアバウツと二人の商務助手とともに、商館所有の三板船《さんぱんせん》(荷物を運ぶボート)の状態の検査に赴いている。彼の給与は相変わらずオランダ東インド会社の上級外科医の月額三六グルデンで、出島のなかでは商館長、次席につぐ額ではあるが、会社にとっての彼はあくまでも「普通の医師」だった。

未知の土地での研究をめざしてきたケンペルは、出島に閉じ込められた状況で、なにができたであろうか。過酷な旅に疲れ、到着して数カ月は、なるべく早くヨーロッパに戻りたいと望んでいた彼も、出島に落ち着いてしばらくすると、持ち前の探究心で、この国についてのあらゆる情報を貪欲に収集しはじめ

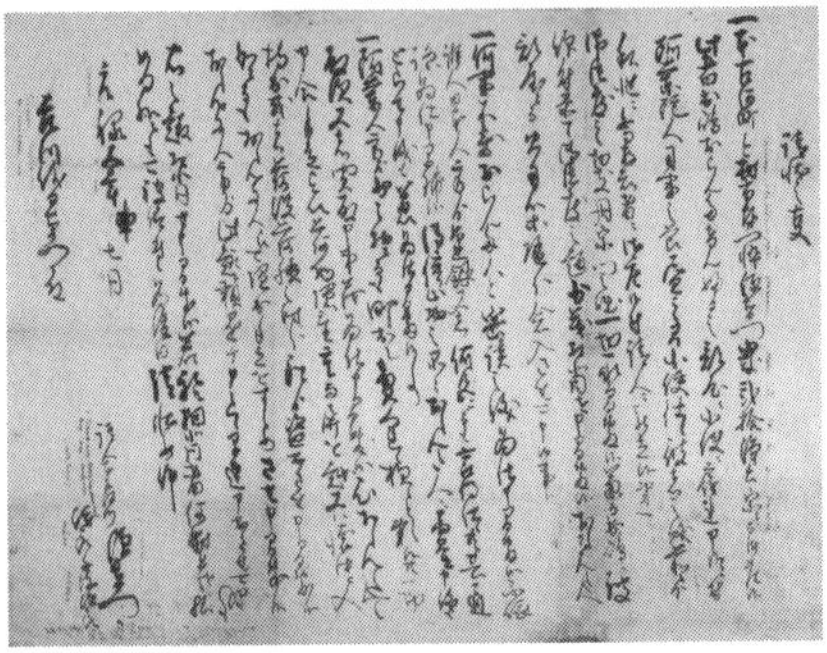

今村源右衛門の奉公人請状

る。

彼は『日本誌』の序文でそのやり方について述べている。一つは、上級の役人や通詞たちの信用を獲得し、親密になる方法、すなわち彼らの希望に添い、心証をよくするようふるまい、無報酬で、専門である薬物学や、希望によっては天文学や数学なども教え、その際彼らの好むヨーロッパのリキュール酒を気前よくご馳走すること、によって、二人だけのときには極秘のことさえ教えてもらえる関係を築いた、というのである。

しかし、そうしてえられる知識は断片的なものにすぎない。ケンペルはよりよい手段を獲得した。多少長くなるが、彼の話を聞こう。「非常に学識のある一青年と知り合い、私の目的を達成し、日本の事物を記述する上にすこぶる豊富な収穫を齎《もたら》しうる適材を得た」。「この抜け目のない青年に直ちにオランダ語を文法的に教え込んだ。幸いにかれはその年の終りにはオランダ語で一応文章を書き、日本の通詞といわれる連中が足許にも及ばぬほどよく話せるようになった。私は引き続きかれに根気よく解剖学をはじめその他の医学を教え、しかも私のわずかな資産の割には巨額の年俸をかれに与えた」。「その代り、かれは私にこの国の位置や状態、政府、制度、宗教、歴史、家庭生活などについて、この上なく詳しく教えてくれ、かつあらゆる文献を探し求めてくれた」。

ケンペル自身は、ときに禁を犯してまでさまざまな情報を提供してくれたこの青年の立場に配慮してか、その名前を『日本誌』中に示していないが、彼が、内通詞小頭今村市左衛門《いまむらいちざえもん》の子源右衛門英生《げんえもんえいせい》▲であることは、彼の奉公人請状《うけじょう》▲が、ケンペルコレクションのなかから発見されたことで明らかになった。この源右衛門は、オランダ人に付いて貿易業務にかかわる雑多な用事をこなし、口銭《こうせん》(手数料)をえる、内通詞の家の生まれで、その修行として幼少のころから出島に出入りし、彼の家の場合、代々の外科医の下働きをしていたようである。

ケンペルは、おそらく「口稽古《くちげいこ》」はかなり積んでいたであろう彼を教育し、資料収集の助手として用いた。ケンペルののこしたスケッチやメモに書かれた説明やカタカナ、読み方などは彼が教えたものであり、またさまざまな日本の書籍や地図などの入手も彼の手配によるものであろう。近年の研究では、ほかにも何人かの協力者▲がさまざまな形で協力していたとされる。

▼今村源右衛門英生　一六七一〜一七三六年。市兵衛《いちべえ》とも名乗る。今村家は彼以後役職としての通詞を世襲する家となった。

▼奉公人請状　年限を決めた契約によって一定期間奉仕をする奉公人について、身元や前借金の返済などを保証する請人《うけにん》が署名・押印した証文。

▼ケンペルの協力者　ウォルフガング＝ミヒエル氏によれば、名村権八《なむらごんぱち》・楢林鎮山《ならばやしちんざん》・横山与惣《よこやまよそう》右衛門《えもん》・本木庄太夫《もときしょうだゆう》などの名があげられている(*Heutiges Japan*)。

江戸参府

出島のオランダ人の主要な業務は、江戸参府と貿易であった。商館長は一年交替が原則であり、新商館長は、前任者の乗った船を見送ると参府の準備に取りかかる。オランダ商館長の江戸参府は、一六三三(寛永十)年に、一時途絶えていた貿易が再開されたときから、貿易継続への感謝のため将軍に拝謁し献上品を贈る儀式として定例化した。同行するオランダ人は数人、十八世紀以降は商館長に医師と書記一人ずつ合計三人のことが多く、長崎奉行所の役人である検使と大通詞・小通詞などが付き添った。全所要日数は平均で九〇日ほどとされる。▲

江戸参府は、出島に閉じ込められていたオランダ人たちが日本国内を旅する唯一の機会であった。ケンペルは、一六九一(元禄四)年に商館長バイテンヘムと、九二(同五)年には商館長アウトホールンと、江戸参府の旅をしている。今村源右衛門も、従者として同行した。そのようすは、『日本誌』のなかに、概括的記述と旅の日記の形で、多くの紙幅を割いて語られている。その旅程は、次ページの表のようなものであった。当時の将軍綱吉は、オランダ人に関心を持

▼**江戸参府の旅**　一六五三(承応《じょうおう》二)年からは新年参賀、六一(寛文元)年以降は火事の多い正月を避け、日本暦の三月初旬ごろに出発。当初は長崎から海路、一六六一年以降小倉《こくら》まで人は陸路をとった。

ケンペルの参府道中図(ケンペル『日本誌』)

ケンペルの江戸参府(1691〈元禄 4 〉年)

2 月13日 出島を出発,大村湾を渡り彼杵泊。14日 小田泊。15日 轟木泊。16日 飯塚泊。17日 小倉から海峡を渡り下関着。18日 下関滞在,阿弥陀寺などを見物。19日 瀬戸内海を大坂へ向け出発,家室投錨。20日 御手洗投錨。21日 白石投錨。22日 室投錨,上陸。23日 兵庫着。24日 小船に乗り換え大坂着。25日 大坂町奉行に謁見。28日 大坂出発,京都着。29日 京都所司代,町奉行に謁見。
3 月 2 日 京都出発,東海道を行く,大津泊。3 日 土山泊。4 日 鈴鹿山地を越え四日市泊。5 日 宮泊。6 日 赤坂泊。7 日 浜松泊。8 日 島田泊。9 日 江尻泊。10日 三島泊。11日 小田原泊。12日 神奈川泊。13日 江戸着。(この間 3 月27日 将軍侍医がケンペルを訪問)。3 月29日 将軍に拝礼。30〜31日 高官などを訪問,進物。
4 月 2 日 暇の拝謁。5 日 江戸を出発,戸塚泊。6 日 小田原泊。7 日 三島泊。8 日 江尻泊。9 日 金谷泊。10日 浜松泊。11日 赤坂泊。12日 宮泊。13日 石薬師泊。14日 土山泊。15日 大津泊。16日 京都着。17日 所司代,町奉行に挨拶。18日 知恩院・祇園社・清水寺・大仏殿(方広寺)・三十三間堂を見物。19日 前夜伏見から川船に乗り朝大坂着。21日 大坂で乗船し兵庫着。(以後逆風に阻まれる)。
5 月 1 日 下関着。2 日 小倉へ渡り陸路,木屋瀬泊。3 日 山家泊。4 日 神崎泊。5 日 塩田泊。6 日 時津泊。7 日 出島着。(今井正編訳『日本誌』より作成)

っており、将軍になってまもない一六八二（天和《てんな》二）年以来毎年、商館長のみの儀式的な拝礼のあとに一行を呼んで、さまざまな質問をし、歌え、踊れと注文をあびせている。

一六九一年三月二十九日（元禄四年二月三十日）にも、商館長の拝礼のあと、高官たちが居並び御簾《みす》のうしろに将軍や大奥《おおおく》の女性たちが見ているなかへ、一行は呼びだされた。医師のケンペルは病気や薬について聞かれ、さらに「踊ったり、跳ねたり、酔っ払いの真似をしたり……外套を着たり脱いだり」と「猿芝居」をさせられた。ケンペルはそのとき「ドイツの恋の歌」を歌ったといい、その歌詞も記録している。翌年も同様で、ケンペルは二曲歌って「相応の喝采」を受けたという（扉写真参照）。独創的な視点からケンペルと綱吉の心の交流を描いているボダルト＝ベイリー氏によれば、このとき綱吉はケンペルに特別に目をかけ、ケンペルは綱吉を卓越した君主として認識したという。

ケンペルの教えたもの、あたえたもの

二年間の滞在で、ケンペルが日本になにか特別な影響をあたえたか、その証

▼**ジョバンニ＝バティスタ＝シドッティ**　一六六八〜一七一四年。イタリア生まれの司祭。ローマ教皇の命を受け、マニラ経由で日本への潜入を試みた。江戸へ護送され、拘禁されたまま切支丹《キリシタン》屋敷で牢死した。

拠を見つけるのはなかなかむずかしい。医師としていくつかの質問に答えたり、将軍の侍医たちと会ったり、という記録はあるが、とくに他の医師たち以上のものとは思えない。むしろ、今村源右衛門を育てたことが彼の最大の貢献ではなかったか。ケンペルの去ったあと、源右衛門は一六九五(元禄八)年出島で行なわれた通詞の試験で抜群の成績をおさめ、役職としての稽古通詞に任命された。その後、一六九六(元禄九)年には早くも小通詞に、一七〇七(宝永《ほうえい》四)年には大通詞に昇進し、出島乙名吉川儀部右衛門の娘を娶《めと》り、出島の実力者になっている。

一七〇八(宝永五)年、日本に潜入を企てて捕縛されたイタリア人宣教師シドッティ▲に対する新井《あらい》白石《はくせき》▲の尋問に際しては、彼が出島のオランダ人の特訓を受けラテン語を用いて尋問の通訳にあたった。さらに白石はオランダ人とも何度か対話しているが、その際にも通訳は源右衛門であった。

一七二五(享保《きょうほう》十)年、彼は将軍や幕府《ばくふ》高官の注文にかかわる御用方《ごようかた》通詞をかねた。将軍吉宗《よしむね》▲は洋馬の輸入を望み、同年、実際に五頭のペルシア馬がやってきた。馬に付き添ってきた馬術師ケイズル▲は数度日本に滞在し、西洋式馬術、

▼**新井白石**　一六五七〜一七二五年。儒者《じゅしゃ》として仕えた甲府《こうふ》の徳川綱豊《つなとよ》が六代将軍(家宣《いえのぶ》)となると、側用人《そばようにん》間部詮房《まなべあきふさ》とともに幕政に参画。シドッティへの尋問をもとに、『西洋紀聞《せいようきぶん》』『采覧異言《さいらんいげん》』を著わした。

▼**徳川吉宗**　一六八四〜一七五一年。八代将軍(在職一七一六〜四五年)。紀伊《きい》藩主徳川光貞《みつさだ》の子。兄たちの死亡により紀伊藩主となり、徳川家継《いえつぐ》の死で宗家《そうけ》が絶えたため、将軍となる。支配体制の強化、幕府財政の再建に取り組んだ。実学《じつがく》の奨励もその一環。

▼**ハンス＝ユルゲン＝ケイズル**　一六九七〜一七三五年。ドイツ生まれ。オランダ東インド会社の兵士として、一七二六(享保十一)、二八〜三〇(同十三〜十五)年に日本に滞在した。西洋馬術、馬医学の紹介者として知られる。

馬の飼育、病気の治療などの教授を行なった。彼の江戸滞在のあいだ、源右衛門はその通訳をつとめ、みずからも馬の治療法について訳述した『西説伯楽必《せいせつはくらくひっ》携《けい》』をのこした。

一七二八(享保十三)年には通詞としての最高職通詞目付《めつけ》にまで達した彼の人生は、もちろん本人の優れた資質によるのであろうが、ケンペルとの出会いなしには考えられない。一人の優れた通詞を育てたことは、本人ばかりでなく、長い目で見て出島のオランダ通詞のレベルアップにつながったはずである。

片桐一男氏は、通詞たちが記録したと思われる単語帳『和蘭稱謂《おらんだしょうい》』▲のなかの「教法」という項目に注目している。「ヘイデン(異教徒)」「ヨウデン(ユダヤ人)」「キリステン(キリスト教徒)」「マコメット(マホメット)」「ソコラテス(ソクラテス)」の五語につけられた説明は他の宗教との比較におよぶ興味深い内容であるが、「ソコラテス」にはなんと「教ハ天ヨリ出タリ、孔子ノ教是ニ似タリトケンフル云ヘリ」(傍点筆者)と書かれているというのである。ケンペルと通詞、おそらくは源右衛門のあいだに、宗教や思想といった抽象度の高い内容について問答がなされ、その結果が多少なりとも書き留められ、伝えられている稀有な例

▼**『和蘭稱謂』** 静嘉堂《せいかどう》文庫蔵大《おお》槻《つき》文庫の写本。片桐一男「阿蘭陀通詞・蘭学者の単語帳—辞書に見えない世界を覗く—」(『青山学院大学総合研究所人文学系研究センター研究叢書7』一九九六年)に一部が紹介されている。

である。

その後の人生と著述活動

一六九二(元禄五)年十月三十一日、ケンペルはプムプス号で日本を離れた。同船は翌年一月中にはバタフィアに着き、さらに二月前半に帰国のためバタフィアをでた。帰りの航海も厳しいもので、喜望峰《きぼうほう》に到着したのは五月十四日だった。数週間の滞在ののち帰国船団は出発し、ケンペルは、十月にアムステルダムに到着した。彼は九カ月間オランダに滞在し、ライデン大学で医学博士の学位をえて、一六九四年八月、故郷に戻った。レムゴー近郊のリーメにある父が晩年をすごしたシュタインホーフの屋敷が、その後の彼の住まいとなった。

彼は生活のため、領主であるリッペ伯《はく》の侍医となった。数時間かけて馬でリッペ伯の居城のあるデトモルトに出向く必要があること、客や病人の訪問が多いことなど、ケンペルは多忙を嘆いている。経済的にもけっして十分ではなかったようで、彼の手紙のなかには、知人に入手を依頼したものの支払いが遅れることの詫びが見られる。一七〇〇年、四九歳の彼は金持ちの商人の娘、当時

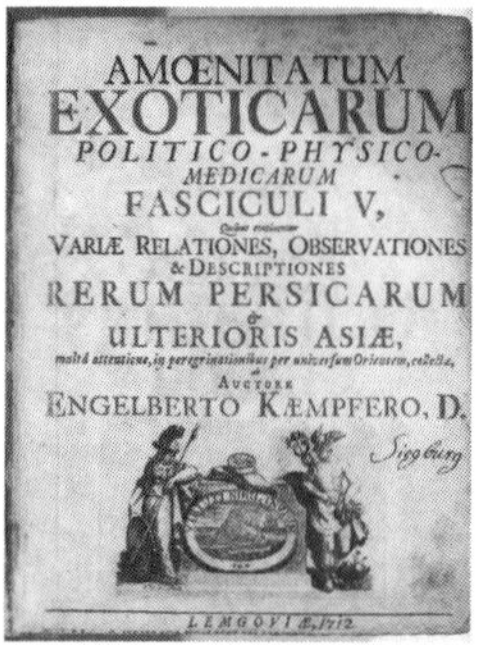

ケンペル『廻国奇観』扉（一七一二年刊）

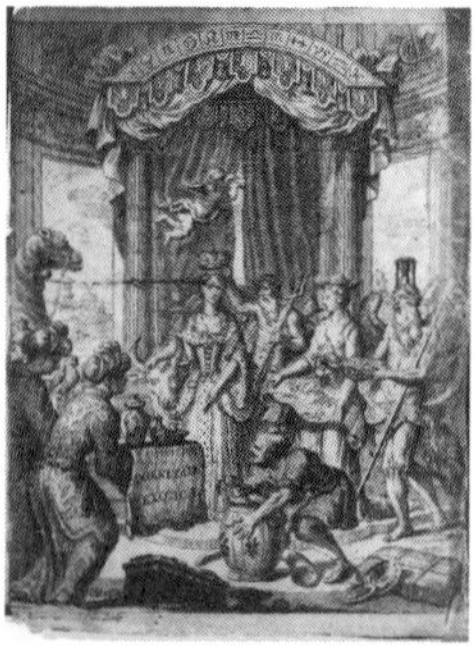

▼ハンス＝スローン　一六六〇〜一七五三年。イギリスの収集家で博物学者。彼の死後そのコレクションが王室に買い上げられ、大英博物館の基礎となった。

一六歳だったマリア＝ソフィア＝ヴィルスタハと結婚した。しかし、この結婚生活はうまくいかず、生まれた三人の子どもも早世し、離婚訴訟にいたる。

　彼の最初にして生前唯一のまとまった著作となった『廻国奇観』が刊行されたのは、ようやく一七一二年のことであった。ラテン語で記された九〇〇ページをこえるこの大著は、おもにペルシアへの旅でえた知見を語るとともに、いくつかの日本に関する論文を含んでいた。『廻国奇観』の序文で彼は、自分の今後の著作として、『今日の日本』『ガンジス以東の植物界の図鑑』『旅行記』の三作を予告しているが、それらを刊行する前に、一七一六年十一月二日、六五歳で死亡し、父と兄の眠るレムゴーのニコライ教会にほうむられた。

　晩年の離婚騒動のなかで、ケンペルは遺書を書き、妻にはなにものこさず、甥のヨハン＝ヘルマンを第一相続人に指定し、原稿を含む遺品は彼の所有となった。大英博物館の父ともいわれるコレクター、スローン▲は、『廻国奇観』の予告から、『今日の日本』にあたる原稿の所在を突き止め、ヨハン＝ヘルマンと交渉し、一七二三年から二五年にそのコレクションを入手した。甥がだした譲渡の条件は、それを英語とドイツ語で出版することであった。

スローンは、自分の図書室の司書だったスイス生まれの医師ヨハン＝カスパール＝ショヒツァー（一七〇二〜二九）に原稿の英訳を依頼し、一七二七年、ロンドンで『日本誌』*The History of Japan* が刊行された。これは、ケンペルの原稿をもとにしつつ、『廻国奇観』から日本に関する六編の論文を加えたものであり、そのなかには「鎖国論」として有名になる論文も含まれていた。『日本誌』はすぐにフランス語訳、さらにオランダ語訳も刊行されたが、ドイツ語版の刊行はショヒツァーの死などにより難航した。ヨハン＝ヘルマンは自身での刊行を決意して、スローンの元にあった手稿の写しを取り寄せるなど準備を始めたが、果たさぬまま他界した。

ケンペルの姪にあたる妹のマリア＝マグダレーナがヨハン＝ヘルマンの遺産を相続後一七七三年に亡くなると、ケンペルの蔵書二〇〇〇点余りは売却された。その過程で『日本誌』の原稿二部が発見され、それをもとに、ドーム▲が、『日本誌』ドイツ語版を編集した。ドームは、発見された二部の原稿を、それぞれケンペル自身の原稿と、甥による清書原稿として、両者を「オリジナル原稿」と呼び、ショヒツァーによる改変を廃し、文体は読みやすくするが厳密に

▼**クリスチャン＝ウィルヘルム＝フォン＝ドーム**　一七五一〜一八二〇年。レムゴー生まれの翻訳・著述家。のちにはベルリンで、政治・外交にかかわる。

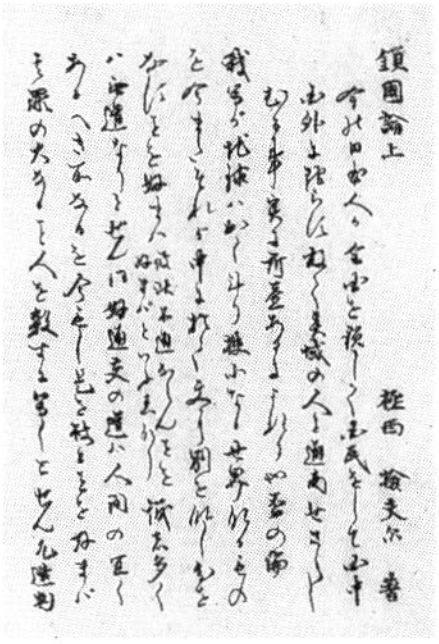

検夫ル著・志筑忠雄訳「鎖国論」　「鎖国論」は写本の形で流布し、幕末期に「異人恐怖伝」として刊行された。

ケンペルの考え方を伝えるという原則を、序文のなかで強調している。そのため長いあいだこのドーム版(一七七七年刊行)こそがケンペルの『日本誌』の決定版とされてきた。

一方、スローンの死後、そのコレクションをもとに大英博物館が創設されると、ケンペルの遺品もそこにおさめられた。調査にあたった大英図書館のユーイン゠ブラウン氏によれば、当時の売買交渉のリストにあるケンペルの遺品は、「昆虫や貝類などの動物標本約二〇〇点、押し花による植物標本多数、民族学的ないしは美術的なもの約七五点、書物五四冊、地図一〇枚、『諸国名所図《しょこくめいしょず》会《え》』五〇枚」とされるが、モノ資料はほとんどが確認できない状態という。大英図書館に移管された原稿や文書・図書は、手稿類が西洋写本部に、日本語の史料類は東洋部に保管されている。近年その整理・研究が進み、ショヒツァーが依拠した原稿▲や関連書翰などについても改めて検討がなされ、ドームのいうことを鵜呑みにはできないことがわかってきた。ただし、ドームが依拠した二つの原稿はその後所在が不明であり、その性格をめぐっては議論が続いている。

▼**大英図書館所蔵のケンペル『日本誌』原稿**　ウォルフガング゠ミヒェル氏らによって原稿そのものの翻刻が刊行された(*Heutiges Japan* München: Iudicium 2001)。

▼**フランソワ゠カロン**　一六〇〇〜七六年。一六一九(元和《げんな》五)年会社の下級職員として来日、日本語力と才覚で三九(寛永十六)年には平戸商館長となり、バタフィアでは商務総監をつとめた。報告は『日本大王国志《にほんだいおうこくし》』として刊行された。

▼**アルノルドス゠モンタヌス**　一六二五ごろ〜八三年。オランダ人の牧師、著述家。『東インド会社日本遣使録』は誤りも多いが、オランダ東インド会社職員からの情報も交えた日本についての叙述。

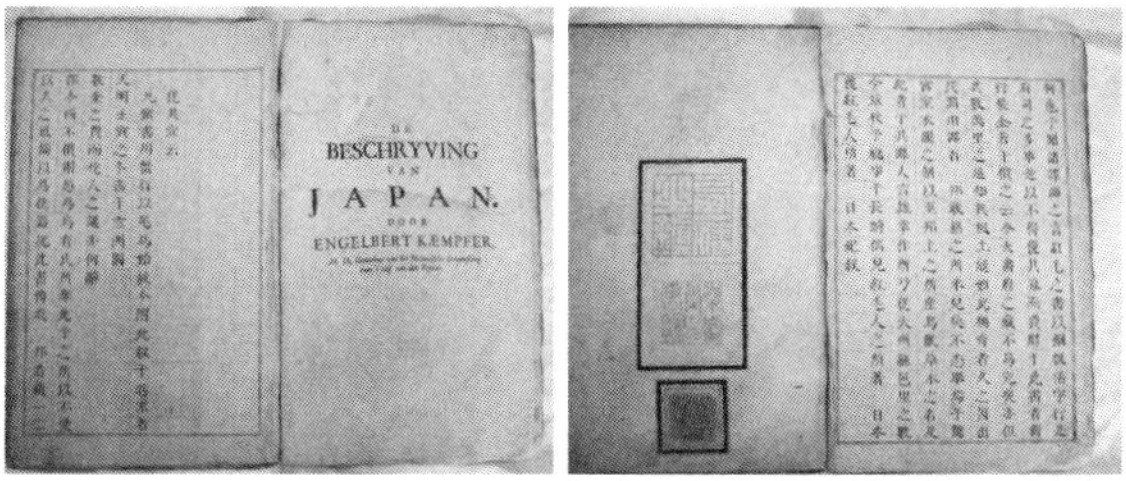

『日本誌』 *De Beschryving van Japan*（オランダ語版）　松浦静山が設置した平戸藩の文庫楽歳堂《らくさいどう》の蔵書印があるこの本は，静山が長崎の通詞吉雄耕牛から購入したもの。

ケンペルの伝えた日本とその影響

次ページの表は『日本誌』の目次である。第一巻は日本までの旅行とシャムについての記述に加え、日本の地理的概要と日本人の起源についての考察、気候・地下資源・動植物などの自然誌的叙述、第二巻は天皇・将軍の年代記を中心とする歴史、第三巻は宗教・祭祀《さいし》、第四巻は長崎および外国人の対日貿易、第五巻は参府旅行についての概論と自身の旅の日記、という構成で、日本の全体像を包括的に語ろうとしている。序文の叙述にも、彼が「日本の現状」を「完全かつ正確に」記述するという意図のもとに情報を収集していたことが述べられている。王権や宗教、国民性などについてヨーロッパやペルシアとの比較の視点をもって考察するケンペルは、ヨーロッパをより優れたものと決めつけず、日本の具体的な姿を客観的に、異なる文化として描きだしている。

ヨーロッパ人による日本についての報告としては、十六世紀半ば以降、イエズス会士などの宣教師たちがその先駆者であった。オランダ東インド会社の平戸商館で働いていたカロン▲は、日本について簡潔にして要をえた報告を東インド総督《そうとく》に提出している。また、来日経験のないモンタヌス▲なども、日本につい

ケンペル『日本誌』ドーム版の叙述項目

第一巻　バタビアからシャムを経由　日本への旅行および日本の歴史，地理事情一般　シャムの歴史，地理を含む

第１章　バタビアからシャムへの旅行／第２章　シャム宮廷の現状／第３章　アユティア出発／第４章　日本列島の位置と大きさ／第５章　諸大名の領地になっている日本国の国郡別区画，国の収穫および政府／第６章　日本人の起源について／第７章　日本の神話的伝説による日本人の起源／第８章　日本各地の気候および地下資源／第９章　日本の植物／第10章　日本の鳥獣類，爬虫類，昆虫類／第11章　魚介類

第二巻　日本の政治事情──日本歴史の初めから西暦1692年まで，日本の年代記からの抜萃

第１章　日本の年代記に日本の支配者として記されている神々，神人，天皇の名／第２章　日本国の宗教的世襲皇帝(天皇)とその政権年代史一般／第３章　歴代の宗教的皇帝　肇国の初めより西暦紀元頃まで日本を統治した歴代天皇の御宇／第４章　キリスト生誕後，頼朝の誕生までなお独裁権をもっていた歴代天皇の御宇／第５章　初代の世俗的皇帝頼朝誕生後，現在までの歴代天皇(宗教的皇帝)の御宇／第６章　頼朝以後，現将軍綱吉に至るまでの世俗的皇帝，すなわち歴代将軍職

第三巻　宗教，宗派および聖哲の道

第１章　日本における諸宗教とくに神道について／第２章　神社，信仰および参拝について／第３章　神道の礼日すなわち祭礼，祭日について／第４章　参宮すなわち伊勢参りについて／第５章　山伏およびその他の宗教団について／第６章　外来宗教である仏道およびその開祖と仏徒ならびに孔子およびその訓えについて／第７章　儒道すなわち哲人，聖賢の教えについて

第四巻　長崎および外国人の対日貿易の歴史に関する一般的叙述

第１章　長崎の町の位置，長崎港および長崎における公私の建物／第２章　長崎の町の行政／第３章　長崎の町内番所および住民ならびに長崎周辺の行政／第４章　長崎の神社，仏閣／第５章　ポルトガル人およびスペイン人の渡来，その受入れ，貿易および追放／第６章　日本におけるオランダ人の立場／第７章　日本におけるオランダ人の貿易に関する詳報および貿易係員／第８章　日本におけるオランダ人の貿易に関する特別の情報(前章の続き)／第９章　日本におけるシナ人の貿易およびシナ人の処遇／第10章　制札，旅行手形，御朱印状

第五巻　著者が２回にわたり長崎から江戸へ参府旅行した時の記述

第１章　参府旅行の諸準備および日本風の旅行／第２章　長崎から江戸までの陸路や海路の概略およびその状態／第３章　街道筋で見た諸建築の概略／第４章　駅舎，宿屋，料理屋，掛茶屋／第５章　毎日往来する人々，ならびにそれらの旅人を相手に生計を立てる人々／第６章　オランダ人の参府旅行，および道中で気づいた事柄／第７章　長崎から小倉までの陸路の旅／第８章　小倉から大阪までの旅／第９章　大阪から京都までの旅──両市について／第10章　京都から浜松までの旅63里(江戸までの半途)／第11章　旅の続き，浜松から江戸城に至る(60里30町)／第12章　江戸の町と江戸城　若干の出来事　拝謁およびお暇乞い／第13章　江戸から長崎までの帰り旅　および途上の出来事／第14章　第２回参府旅行／第15章　江戸から長崎までの帰り旅(２回目)

附録　ケンペル著『廻国奇観』中にある日本に関する諸論文(ラテン語による記述からの翻訳)

Ⅰ　日本における製紙法について／Ⅱ　もっともな理由のある日本の鎖国／Ⅲ　日本でよく行なわれている鍼術による疝気治療／Ⅳ　シナおよび日本でよく行なわれている艾灸／Ⅴ　日本の茶の話／Ⅵ　龍涎香について

(今井正訳，霞ケ関出版，1973年より)

ての情報を集め、著述をのこしている。植物学においては、一六八〇年代に二期にわたり商館長をつとめたクライエルの『日本の花鳥画』、その下で働いていたマイスターの『東インドの庭園技師』が、日本の植生を紹介している。

ケンペルの日本研究は、みずからの経験と観察に加え、収集した資料に基づき総合的な記述を試みた点、ヨーロッパやペルシアなどとの比較の視点などにおいて、それらの水準を大きくこえた、あらたな地平を開いたものであった。

ケンペルが叙述に用いた情報の一部は、オランダ東インド会社職員として日本で勤務し、当時総督として彼の庇護者でもあったカムプハイスからあたえられたものであったことが指摘されている。会社の文書として蓄積された日本に関する記録、たとえば貿易の報告書や江戸参府の日記などを、彼はバタフィアにいたときに見る機会をえており、帰国の際にもいくらかの資料をもらったという。そうした意味では、『日本誌』は、オランダ東インド会社が日本との関係を独占している状況においてこそ生み出された著作であるともいえる。

ケンペルの著書は、ヨーロッパでベストセラーとなり、十八世紀ヨーロッパの啓蒙《けいもう》思想家たちの日本観に大きな影響をあたえた。モンテスキュー、ヴォル

▼アンドレアス＝クライエル
?～一六九八ごろ。ドイツ生まれ。東インド会社で兵士、外科医などとして働く。一六八二～八三(天和二～三)年、八五～八六(貞享《じょうきょう》二～三)年の日本商館長。

▼ゲオルグ＝マイスター　一六五三～一七一三年。ドイツ生まれ。庭師の技術を身につけ、兵士として就職した東インド会社でクライエルと出会い、日本へも同行した。

▼ヨハンネス＝カムプハイス
一六三五～九五年。ハールレム生まれ。一六七〇年代に三期日本商館長をつとめ、八四年東インド総督となった。

テール・カントなどが日本についての情報源としてケンペルを利用し、また、ディドロ編集の『百科全書』の日本に関する項目の多くはケンペル『日本誌』のフランス語版に基づいているという。ペリーが日本に来航する際も最新のシーボルトの著作とともにケンペルの『日本誌』を持参しており、一〇〇年以上日本に関する基本的参考文献として読み継がれたのである。

一方、十八世紀後半には、『日本誌』オランダ語版が日本に輸入されていた。三浦梅園《みうらばいえん》▲は、一七七八(安永七《あんえい》)年に通詞吉雄幸作《よしおこうさく》▲の自宅で「ケンフル」を見たことを書いている。この本はのちに平戸藩主松浦静山《まつらせいざん》▲に買いとられ、現在ものこっている。オランダ商館が注文を受けた記録だけでも、同書は少なくとも一四回にわたって合計二〇冊ほど注文されていることが判明する。ラテン語で書かれた『廻国奇観』もその存在を知られており、何冊かは日本にはいってきていた。『日本誌』は志筑忠雄が「鎖国論《さこくろん》」を翻訳したほかにも、天文方《てんもんかた》の高橋景保《たかはしかげやす》▲などが部分的な翻訳を行なっている。

ヨーロッパと日本の両方で、ケンペルの著述は注目され続けていたのである。

▼**三浦梅園**　一七二三〜八九年。豊後《ぶんご》生まれの思想家。儒学《じゅがく》と洋学《ようがく》の思想の調和をめざし、長崎に遊学し、通詞とも交際があった。

▼**吉雄幸作**　一七二四〜一八〇〇年。幸左衛門《こうざえもん》、耕牛《こうぎゅう》。オランダ通詞で蘭方《らんぽう》の医師としても活躍。蘭書を収集し、家塾で紅毛《こうもう》外科の弟子を育てるとともに、江戸参府にも何度も同行し、蘭学者と広い交際があった。

▼**松浦静山**　一七六〇〜一八四一年。清《きよし》。平戸藩主。随筆『甲子《かっし》夜話《やわ》』の著者。洋書を含め、多くの書物を集めていた。オランダ通詞とも交際があり、その蔵書は通詞や天文方も借覧したという。

▼**高橋景保**　一七八五〜一八二九年。大坂生まれ。父至時《よしとき》の跡を継ぎ幕府天文方となり、伊能忠敬《いのうただたか》の測量を監督し、その地図を修正した。一八一一(文化《ぶんか》八)年蛮書和《ばんしょわ》解御用《げごよう》に任じられた。

②—十八世紀の日本に来た人びと

蘭学の第一世代

綱吉《つなよし》とは異なり、八代将軍吉宗《よしむね》は、実用的科学・技術の導入への関心からオランダ人たちに興味を示した。吉宗はみずからオランダ人を見て好奇心を満たすだけでなく、オランダ人から献上され、それまで幕府《ばくふ》の書物庫におさめたきりになっていたオランダ語の書物を取りださせ、検討することもしばしばだった。また、幕府の医師たちや、実学《じつがく》の担い手として抜擢した青木昆陽《あおきこんよう》▲・野呂元丈《のろげんじょう》▲などを参府《さんぷ》中のオランダ人のもとに派遣し対談させ、オランダの学術を学ばせようとした。彼らは毎年のようにオランダ人の宿所長崎屋《ながさきや》▲を訪ね、青木昆陽はオランダ語研究の初歩というべき単語集や訳文集をのこし、野呂元丈はドドネウスの本草書《ほんぞうしょ》から薬効の記述を抽出した『阿蘭陀本草和解《おらんだほんぞうわげ》』をまとめた。

吉宗の死後、いわゆる「田沼《たぬま》時代」は、経済の発展に対応し、専売制や株仲間《かぶなかま》の公認による運上《うんじょう》徴収などの商業資本利用策、鉱山開発や特産品増産などの殖産興業《しょくさんこうぎょう》策がとられた時期とされる。蝦夷地《えぞち》開発、外国貿易の可能性も探ら

▼**青木昆陽**　一六九八～一七六九年。幕府の書物方《しょもつかた》に登用され、吉宗の命によりオランダ人と面談し、『和蘭文字略考《おらんだもじりゃくこう》』『和蘭話訳《わやく》』などを著わした。救荒《きゅうこう》作物としての甘藷《かんしょ》(さつまいも)の栽培を広めたことでも知られる。

▼**野呂元丈**　一六九三～一七六一年。医学・本草学を学び、幕府採薬御用となり、吉宗の命によりオランダ人と面談した。

▼**阿蘭陀宿長崎屋**　江戸の日本《にほん》橋本石町《ばしほんごくちょう》三丁目にあった商館長の江戸参府の際の定宿。代々の主人は源右衛門《げんえもん》を称し、商館長の江戸城での拝礼、幕府高官への挨拶廻り、献上品の保管などの世話にあたった。

れた。実用的科学・技術の研究はこうした政策に不可欠であった。本草学は薬草採取や農作物の研究から植物のみならず動物や鉱物まで含めた実用的な「物産学《ぶっさんがく》」として発展した。漢方医学のなかからも「古医方《こいほう》▲」と呼ばれる実証的な一派があらわれた。人体解剖を行ない『蔵志《ぞうし》』を著わした山脇東洋《やまわきとうよう》▲もその一人である。

一方、都市の富裕な商人のあいだには、珍しいものをもてはやす異国趣味が流行した。昔から馴染《なじ》みの異国「唐《から》」に対して、より新しく遠く珍しい異国の代名詞が「阿蘭陀《おらんだ》」であった。高価な珍品には縁のない庶民のあいだにも、書籍や浮世絵《うきよえ》版画・覗《のぞ》き絵などとして、流行の気分は受容されていった。さまざまなレベルの、オランダ趣味を愛好する「蘭癖《らんぺき》」は、大名《だいみょう》・大商人・学者といった身分や立場の違いを越えて共通の関心を持つ人びとを結びつけ、朽木昌綱《くつきまさつな》▲・島津重豪《しまづしげひで》▲・奥平昌高《おくだいらまさたか》▲などの大名たちは、収集家であるとともに、本を貸したり翻訳をさせたり、長崎遊学を援助したりと蘭学《らんがく》をめざす人びとのパトロンともなった。

十七世紀の段階では、オランダ人が参府の道中で日本人と接触することは禁

長崎屋(葛飾北斎《かつしかほくさい》画『画本東都遊《えほんあずまあそび》』)

▼**古医方**　江戸時代の漢方医学の一流派で、実証精神の強い中国漢《かん》代の張仲景《ちょうちゅうけい》『傷寒論《しょうかんろん》』を重んじ、理論より実践を重視した。

▼**山脇東洋**　一七〇五〜六二年。京都の医師。一七五四(宝暦《ほうれき》四)年に日本ではじめて公許をえて刑死体の解剖を行ない、その所見を『蔵志』に著わした。

じられ、厳しく監視されていた。大坂や京都・江戸で彼らを訪問できるのは、御三家《ごさんけ》や、オランダ人とかかわる職務を持つ大目付《おおめつけ》や長崎奉行《ぶぎょう》の関係者のみであった。将軍の意向による学者たちの訪問の習慣は、こうした制限を空洞化させていく契機となった。キリスト教徒であるオランダ人への治安上の警戒も、当初の危機感が薄れ、形骸化していった。許可をえて訪問する医者や学者ばかりでなく、その門人という形で、オランダ人との対談に参加することも黙認された。蘭癖の大名たちは、あるときは公式に、あるときはお忍びで彼らを訪ねた。

いずれも、通詞《つうじ》を介しての対談であり、通詞のなかにもこうした対談を仲介できる語学力と学問的知識を持つ人びとがあらわれた。代表的な一人吉雄幸作《よしおこうさく》は、長く大通詞をつとめ、医者としても多くの弟子を育てた。参府の回数も多く、青木や野呂以来江戸の蘭学者たちと親交があり、珍しい書籍を多く持ち、彼の家は長崎に遊学する人びとのサロンとなっていた。

青木昆陽や野呂元丈を「蘭学」の先駆者であるとすれば、オランダ語の書籍を読み、翻訳し、そこに書かれた西欧の学術を理解し、研究する本格的蘭学者の

▼**朽木昌綱**　一七五〇〜一八〇二年。福知山《ふくちやま》藩主。前野良沢に蘭学を学び、杉田玄白・大槻玄沢らと親交があった。世界地理・古銭などに関心を持ち、『泰西與地図説《たいせいよちずせつ》』『新撰銭譜《しんせんせんぷ》』などの著作がある。

▼**島津重豪**　一七四五〜一八三三年。薩摩藩主。十一代将軍家斉の岳父《がくふ》。蘭学・実学に熱心で、参《さん》勤交代《きんこうたい》の往復に長崎に立ち寄り、唐人《とうじん》屋敷やオランダ商館を訪問し、歴代の商館長と親交があった。また元オランダ通詞を登用するなど、蘭学の有力な庇護者だった。

▼**奥平昌高**　一七八一〜一八五五年。島津重豪の次男で、奥平家の養嗣子となり豊前中津藩主を継ぐ。歴代の商館長らと親交を持ち、蘭癖大名として知られる。オランダ語を学び、オランダ語の辞書の出版を援助した。

第一世代、と呼ぶべきなのは、彼らの弟子筋にあたる人びとであり、画期としてあげられるのは『解体新書《かいたいしんしょ》』の訳述（一七七四〈安永《あんえい》三〉年）であろう。その中心となった若狭《わかさ》小浜藩《おばまはん》の藩医杉田玄白《すぎたげんぱく》▲と中川淳庵《なかがわじゅんあん》▲、豊前中津《ぶぜんなかつ》藩の藩医前野良沢《まえのりょうたく》▲、幕府医師の家柄の桂川甫周《かつらがわほしゅう》▲はいずれもオランダ人訪問の常連であった。十八世紀後半、蘭学の勃興期に日本を訪れたツュンベリーやティツィングが出会ったのは、西欧の知識を貪欲に吸収しようとするこうした人びとであった。

植物学者ツュンベリーと日本の弟子たち

カール＝ペーター＝ツュンベリーは、一七四三年十一月十一日、スウェーデンのイエンシェーピングという町で生まれた。ウプサラ大学で大家リンネ▲に医学・植物学を学び、一七七〇年医学博士号をえたのち、奨学金をあたえられ、まずデンマーク、オランダ、フランスに遊学した。アムステルダムで著名な植物学者ビュルマンに才能を認められ、その推薦で植物愛好家たちをスポンサーにえて、喜望峰《きぼうほう》および日本の植物を調査するため、一七七一年末、オランダ東インド会社の船医として東インドへ向かった。リンネ流の分類法で世界各地の

▼**杉田玄白**　一七三三～一八一七年。江戸詰の小浜藩医。『解体新書』の翻訳のほか、その回想『蘭学事始《ことはじめ》』などを著わす。蘭書の収集、門人の育成などにより、蘭学発展の基礎を築いた。

▼**中川淳庵**　一七三九～八六年。江戸詰の小浜藩医。蘭学への関心が強く、オランダ語を学び、『解体新書』翻訳に加わった。

▼**前野良沢**　一七二三～一八〇三年。豊前中津藩の江戸詰医師。オランダ語を学び『解体新書』翻訳の中心となったが、完全主義者で公刊に際しては自身の名をだすことを拒んだ。

▼**桂川甫周**　一七五一～一八〇九年。幕府奥医師。父国訓《くにのり》から蘭学を学び、若くして奥医師となり、『解体新書』翻訳にも名を連ねた。地理学にも関心を持ち、大黒屋光《だいこくやこう》太夫《だゆう》への尋問をもとに『北槎聞略《ほくさぶんりゃく》』をまとめた。

▼**カール゠フォン゠リンネ**　一七〇七〜七八年。スウェーデンの植物学者。植物の分類を整理し、分類体系を構築、科学的二名法を確立した。

▼**ツュンベリーの日本に関する叙述**　引用は高橋文訳『江戸参府随行記』（平凡社、東洋文庫五八三）によった。

植物を分類記述するため、その「使徒《しと》」たちが各地へでかけていったのである。

喜望峰での三年の滞在をへて、ツュンベリーは一七七五（安永四）年五月にバタフィアへ到着、同年八月に長崎に着いた。翌年三月四日参府の旅に出発し、六月末に出島へ戻り、同年末に日本を離れた。一七七七年をバタフィアとセイロンですごし、七八年オランダのテクセルへ、さらにイギリスをへて故国へ戻ったのは七九年三月であった。一七八一年から亡くなる一八二八年まで、彼はウプサラ大学の医学・植物学の教授職にあり、『喜望峰植物誌』『日本植物誌』を出版するとともに、スウェーデンを離れて以来ふたたび同地へ戻るまで足かけ一〇年の大旅行を『一七七〇年から一七七九年にわたるヨーロッパ、アフリカ、アジア旅行記』の原題で一七八八年から九三年に四冊本として出版し、同書は英独仏語に翻訳された。日本について記しているのは第三巻と第四巻の前半であり、その部分のみの仏語訳もでている同書中でも著名なところである。四一ページの上表にその内容を示した。

ツュンベリーは第三巻の序文で、日本が非常に独特の国であると述べ、その姿を「あるがままに記述するようつとめ、おおげさにその長所をほめたり、ことさらにその欠点をあげつらったりはしなかった」と叙述の姿勢を述べ、またとくに自然誌を重視したことを自負している。彼はケンペルの『日本誌』を持参し参照していた。歴史や風俗についての叙述はそれによるところも多いが、この旅行記を特徴づけているのは、自然についての広範な記述である。彼は、日本の珍しい植物を調査採集し、種子あるいは生の植物としてオランダに送ることを明確な目的としており、出島《でじま》に滞在中も家畜の餌を調べて珍しい植物を見つけだして標本にする熱心さだった。また、一七七五年九月から翌年十月まで、一日四回の気温の観測を続けているのも自然科学者らしい一面である。

ツュンベリーが長崎に到着したのは、ちょうど『解体新書』刊行の翌年であった。彼は出島の通詞たちについて「年配の通詞の何人かは、日常の事柄については相当はっきりしたわかりやすいオランダ語を話す」と評している。また洋書の愛好家、熱心に読み、記憶する、あらゆる事柄、とくに医学、物理学、自然誌に関して絶えず多くの質問をする、医学の研究に熱心、と描写しており、友人と呼ぶ吉雄幸作ら、向学心に燃えた通詞たちと接していたことがわかる。

参府で江戸に到着すると、毎日大勢の日本人の訪問があり、天文方《てんもんかた》、そして奥医師の岡田養仙《おかだようせん》・栗崎道巴《くりさきどうは》・天野良順《あまのりょうじゅん》・久志本常周《くしもとじょうしゅう》らが訪ねてきた。とくに桂川甫周と中川淳庵は毎日のようにやってきて夜遅くまで学んでいった。かなりオランダ語ができたこの二人のことを、ツュンベリーは「愛弟子《まなでし》」と呼んで、多くを教え、書籍を売ったり、外科の器具をあたえたりしている。彼らもツュンベリーの求める日本の薬や鉱物、生きた植物や書籍などをいろいろと持ち寄り、日本名とオランダ語・ラテン語名を照合するなど、親密な交流を重ねていた。

滞在一六カ月参府一回、江戸にいたのは一カ月たらずという短さにもかかわらず、植物の採集と記録には相当の成果をあげ、日本についての記述をまとめられるだけの知識と理解をえることができたのは、彼自身の能力とケンペルによる基礎知識に加え、日本側の医師や通詞たちのオランダ語や西欧の学問に対する知識と関心が、医師である彼とたがいの必要な情報を交換しうる程度までに成長していたことが、大きな要因といえよう。

ウプサラ大学には、ツュンベリーに宛てた中川順庵の三通をはじめ、桂川甫周・吉雄幸作ほか六人の通詞たちの手紙二〇通余りがのこっている。それらを読むと、帰国後も依頼に応えてツュンベリーが書籍を送り、また日本人たちが植物の押し葉や種子、スケッチなどを送り、交流が続いていたことがわかる。中川淳庵は、ケンペルの『廻国奇観《かいこくきかん》』を送ってもらった礼を述べている。

商館長ティツィングと日本の友人たち

イザーク＝ティツィングは、一七四五年アムステルダムで生まれ、医学を学んだともいわれるが、法学専攻でライデン大学を卒業している。一七六五年、二〇歳のときオランダ東インド会社の下級商務員となり、バタフィアで働いたのち、七九(安永八)年八月、商館長としてはじめて来日し、同年十一月二十九日から八〇(同九)年十一月五日までと、八一(天明《てんめい》元)年十一月二十四日から八三(同三)年十月二十六日までの二期、日本商館長をつとめた。二度目の任期は、一七八二(天明二)年にはイギリスとの戦争の影響で日本に向けた船が派遣されなかったため、二年間にわたった。一七八四(天明四)年、特例として貿易期のみ日本に滞在する条件で三度目の任期をつとめ、八五(同五)年一月にバタフィアへ戻り、ベンガル長官に転出した。

一七九二年、ベンガルでの任期をおえた彼は、イギリスのマカートニーの使節に対抗する中国貿易改善のための使節として九四年から九五年、広州《こうしゅう》から北京《ペキン》へ赴き、任務終了後広州からイギリス船でヨーロッパへ戻った。ナポレオン戦争▲のさなか容易にオランダへ戻れず、しばらくイギリスに滞在したのち、パリに落ち着き、ときどきアムステルダムへ往復しつつ、ティツィングは日本に関する著述の完成に専心したが、出版できぬまま一八一二年六八歳で死亡した。

合計三年八カ月ほどの日本滞在のあいだ、彼は商館長として二度の江戸参府を行ない、また当時衰退していた貿易を立て直すため、日本側と数々の交渉をした。一七八二年に船が来なかったことを交渉材料として用い「対日貿易撤退」をほのめかしつつ、長崎会所《かいしょ》▲による仕入れ価格の値上げ、棹銅《さおどう》の輸出量増加とその定額の確保、商館長の身体検査の廃止などを要求したのである。交渉はすぐに大きく進展することはなかったが、彼が有能な商館長であったことはまちがいない。その過程で、交渉相手の長崎奉行久世丹後守広民《くぜたんごのかみひろたみ》とは、秘密ルートでのやりとりを重ね、一定の信頼関係を築くにいたったようである。

また、二度の江戸参府の際に出会った朽木昌綱・桂川甫周・中川淳庵とは長

▼ナポレオン戦争　フランス革命後の混乱のなかでナポレオン支配下のフランスとイギリスを中心とする諸国との戦争。ヨーロッパのみならず植民地も戦場となった。

▼長崎会所　一六九八（元禄《げんろく》十一）年に活動を開始した貿易会計と町の財政を統一的に把握する組織。幕府勘定方《かんじょうかた》の支配下に町年寄《まちどしより》が会所調役《しらべやく》として運営の中心となった。

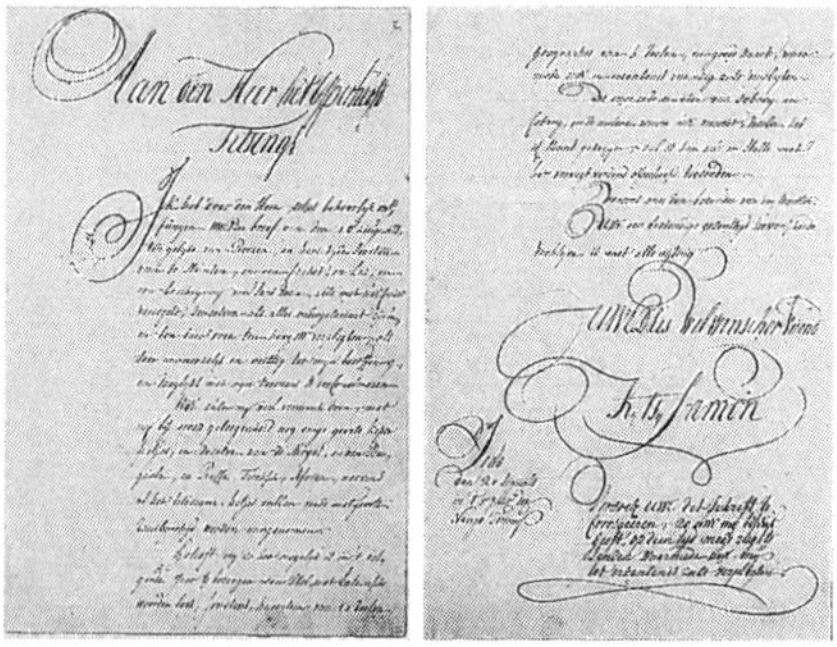

丹波福知山藩主朽木昌綱書状　イザーク・ティツィング宛天明五（一七八五）年四月二十日付。

▼日本人との文通　フランク＝レクイン編の『私信集《ししんしゅう》』に日本人との文通が七一通収録されており、横山伊徳編『オランダ商館長の見た日本』に翻訳されている。

く交際を続けている。ティツィングは、日常業務での接触をこえて、通詞たちに熱心にオランダ語を教え、情報源として、書籍の入手や翻訳、そしてさまざまな興味ある品物の調達を依頼していた。日本を離れた一七八五年以降も、彼は朽木昌綱・桂川甫周・中川淳庵に加え、通詞の吉雄幸作・楢林《ならばやし》重兵衛《じゅうべえ》・堀《ほり》門十郎《もんじゅうろう》・茂節右衛門《しげせつえもん》・西吉郎兵衛《にしきちろうべえ》・本木栄之進《もときえいのしん》・名村勝右衛門《なむらかつえもん》・名村元次《もとじ》郎《ろう》・今村金兵衛《いまむらきんべえ》・西敬右衛門《にしけいえもん》らとも数多くの文通▲を行なっていた。

彼が着任以前から日本研究に関心を持っていたのかどうかは定かではないが、日本を離れるころには、日本に関する著述を行なうことを明確な目標とするにいたっていた。その方法は、日本人が書いたもの自体によって日本を語ろうとするものであり、そのため通詞たちに、贈物や砂糖を対価に、収集した書籍の翻訳を依頼している。手紙には単なる贈答や挨拶ばかりでなく、ティツィングからの翻訳の依頼や催促、内容に関する質問などが多く含まれている。ベンガル、北京と会社職員としての職務を果たしつつ、彼は著述のために多くの翻訳を求め、みずからは日本と中国の歴史を対比する年表を作成し、オランダ語と同時に英語とフランス語の原稿も出版しようとした。ヨーロッパへ戻ってから、

ツュンベリーの日本に関する叙述の項目

第1章　日本への航海(日本到着／長崎港／長崎港および出島商館／出島商館への上陸時の検閲／日本の通詞／長崎港／出島／出島，オランダ貿易／出島，中国貿易／出島，長崎港／出島／出島および長崎／出島／出島，数の数え方)
第2章　参府への旅(長崎／矢上／諫早／嬉野／塩田／佐賀／飯塚／内野／小倉／下関／上関／地の家室／御手洗／兵庫／大坂／淀／伏見／都／大津／草津／関／桑名／岡崎／吉田／新居－舞坂／大井川／島田／富士山／箱根／小田原／戸塚／品川／江戸)
第3章　江戸滞在(江戸)
第4章　幕府からの帰途(小田原／三島／日坂／都／大坂／兵庫／小倉)
第5章　日本および日本人(日本の地理的状況と気候／日本人の外見／日本人の国民性／日本語／姓名／衣服／家屋の構造／統治／武器／宗教／食物／飲物／喫煙／祭事の娯楽と催し／学問／法律と警察／医師／農業／日本の自然誌／商業)
第6章　帰国前の出島滞在(出島)　　(高橋文訳『江戸参府随行記』目次より)

ティツィングの日本に関する著作の章立て案(王立アカデミーに寄託された手稿)

「オランダの会社の日本帝国に於ける元商館長にして北京の宮廷への使節たるイザーク・ティツィング氏による日本人と中国人の年表並びに日本に関する記述　アムステルダムにて，1807年　英仏語訳有　第1巻」
(1)1807年6月4日付朽木隠岐守昌綱宛書翰(献辞)
(2)序文
(3)乾隆帝の命令によって作られた『歴代三元甲子』に基づく中国歴代皇帝の継承の年表
(4)日本人の考えに基づく中国人の年表についての考察，日本人の起源についてのいくらかの考察と，最初の内裏である神武天皇の支配の根拠となる日本人の神話的年表を添える
(5)伊勢の住人谷川士清によって書かれた『日本書紀通証』による〔年表への〕注釈
(6)我々の紀元と対応させた日本人と中国人の年表
(7)日本の年号のアルファベット順の一覧
「日本に関する記述　第2巻」
挿入：前書の作成に役立つ私のマースデン氏に当てた書翰の抜粋(英文)
(1)『日本王代一覧』すなわち日本の内裏による支配の記事
(2)日本の支配王朝の世俗の君主である将軍についての秘密の記録(『歴代将軍譜』)
(3)蝦夷島に関する記述
(4)日本，蝦夷の鯨〔とその漁〕についての記述
挿入：1783年8月信濃国浅間山噴火の図と説明
「日本に関する記述　第3巻」
(1)農民・職人・商人の行なう結婚の儀式
(2)葬式についての記述
(3)神々〔あるいは死者の霊〕に敬意を表するための祭祀
(4)土砂という粉とその発見者である弘法大師についての報告
(5)『古文孝経』の序文の翻訳
(6)鍼と灸についての記述
挿入：67の地方とそれに属する島々からなる日本の大地図の説明
(松井洋子「ティツィングの伝えようとした「日本」」2005年より)

▼**徳川家斉**　一七七七〜一八四一年。十一代将軍(一七八七〜一八三七年)、父は一橋治済《ひとつばしはるさだ》。正室は島津重豪の三女茂姫。

英語の原稿はイギリスの学者マースデンに託され、オランダ語による集大成は王立アカデミーに寄託された。前ページの表はその項目を示したものである。しかし、それらの原稿が日の目をみることはなく、彼の没後出版されたのは、完成度の低いフランス語の原稿の一部だけであった。

ティツィングがたがいに尊敬しあう友人としてもっとも親密に文通を交わしたのが、朽木昌綱だった。二人は貨幣収集という共通の関心を持ち、また相互に書籍や翻訳を送りあい、「日本人の起源は」といった内容のある問答をしている。朽木はつねに手紙の添削を依頼し、ティツィングはそれに応えていた。ティツィングは、もし日本国内を自由に旅行できるようになるならもう一度自分の経費で日本に来たいと朽木に語っており、田沼のもとで、将軍家斉《いえなり》▲の義父にあたる島津重豪の働きかけにより、それが実現することを期待していた。

対外的危機の時代

一七七〇年代から八〇年代の前半、田沼意次《おきつぐ》の失脚までの時期、出島商館員を介したこうした文通や贈物が黙認され、より自由な交際さえ期待された状況は、九〇（寛政《かんせい》二）年に一変した。松平定信《まつだいらさだのぶ》の指示のもとにだされた貿易半減令▲とともに、通詞たちへの取締りも強化され、誰もオランダ人に寄りつかない状況になった。しかし、一七九二（寛政四）年のラクスマン来航を契機に、日本側は、オランダ貿易の維持には情報獲得などの政治的意味がある、と考えるようになった。貿易半減令にともなう毎年の江戸参府免除後はじめての一七九四（寛政六）年の参府は、商館長からロシアに関する情報を聞きだす機会として利用された。

　蘭学者たちも、体制のなかに取り込まれていく。一七九五（寛政七）年、大槻《おおつき》玄沢《げんたく》▲が主宰した芝蘭堂《しらんどう》における阿蘭陀正月の饗宴は、当時の蘭学の最高実力者であった玄沢が、幕府の公認のもと蘭学者集団を組織する構図の出現を象徴している。

　十八世紀啓蒙《けいもう》思想の到達点としてのフランス革命と、それまでアジアに求められていた豊かな物産の安価な生産をめざす産業革命の開始、という十八世紀末から十九世紀初めの世界の動きは、近世日本にも影響をおよぼしはじめていた。

▼**貿易半減令**　一七九〇年、幕府は銅山の不振を理由に、オランダ船・中国船の貿易額半減を命じ、オランダ船は年一隻、貿易総額銀七〇〇貫目相当、輸出銅額六〇万斤と定められた。

▼**大槻玄沢**　一七五七〜一八二七年。陸奥国一関《むつのくにいちのせき》藩医の家に生まれ、江戸・長崎で学び、仙台藩の江戸詰医師となり、蘭学塾芝蘭堂を開く。蛮書和解御用にも出仕した江戸蘭学の中心人物。

十七世紀の後半には全盛期を誇ったオランダ東インド会社は、英仏との競争、領土拡大にともなう維持費用の激増、現地職員の私的取引や不正、といったさまざまな理由で、十八世紀を通じ衰退の途をたどり、一七九九年には解散となった。領土と資産は、莫大な負債も含めすべて国家に帰属することになった。ところが会社がなくなる前に、フランス革命軍がオランダに侵攻し、一七九五年に総督《そうとく》ウィレム五世はイギリスに亡命し、オランダ連邦共和国は崩壊した。その後、オランダ本国の運命はフランス革命後のヨーロッパの政局によって、フランスの影響下のバターフ共和国（一七九五～一八〇六年）、ルイ＝ナポレオンを国王とするオランダ王国（一八〇六～一〇年）、フランスによる併合、ネーデルラント王国成立による独立の回復と列国の承認（一八一五年）、と二転三転した。

バタフィアでは船体や積荷の確保に支障をきたし、一七九七（寛政九）年から一八〇九（文化《ぶんか》六）年にはおもにアメリカなど中立国の船を雇い、かろうじて日本への航海を維持してきたが、商館長ドゥーフ▲は、〇三（享和《きょうわ》三）年から、正規の後任者が到着しないまま、一五年間その職にあった。一八一〇（文化七）年か

▼**ヘンドリック＝ドゥーフ**　一七七七～一八三五年。アムステルダム生まれ。一七九九（寛政十一）年に来日、一度バタフィアへ戻ったのち、一八〇〇（同十二）年から一七（文化十四）年まで日本に滞在、〇三年からは商館長をつとめた。

ら一一(同九)年はついにバタフィアからの船の便が途絶した。オランダ本国がフランスの支配下にはいると、その機に乗じてアジアではイギリスがオランダ植民地《しょくみんち》の奪取をもくろみ、バタフィアは一八一一年、イギリス艦隊の襲撃を受け占領されたのである。

長崎には、一八〇四(文化元)年にはロシアの軍艦ナデジュダ号でレザノフが、〇八(同五)年にはオランダ船捕獲を狙ってイギリス東インド艦隊のフリゲート艦フェートン号が、来航した。一八一三(文化十)年、一四(同十一)年には出島接収のためジャワ代理総督ラッフルズ▲に派遣されたイギリス船が、オランダ船を装って入港した。ドゥーフは二度とも、通詞たちと協議して、イギリス船を通例のオランダ船として扱うことで取引を行う一方、イギリス側の出島引渡し要求を拒絶した。出島商館は、本国やバタフィアの状況についての十分な情報をえられぬまま、日本におけるオランダの立場を守るために、まさに孤軍奮闘していた。

▼**トーマス゠スタンフォード゠ラッフルズ**　一七八一～一八二六年。一八〇〇年イギリス東インド会社にはいり、一一年イギリスのジャワ征服後代理総督となり、日本貿易の再開をはかった。

③—シーボルトの登場

新生オランダ王国

一八一五年、オランダ本国の独立回復にともなって、東インドの植民地《しょくみんち》もイギリスから返還された。新生オランダ王国にとっては、戦争によって壊滅的打撃を受けたオランダ経済を立て直すことが緊急の課題であった。国王は、新しい統治機構を確立するため、三人の全権委員をバタフィアに派遣した。一八一九年以降はその一人ファン＝デル＝カペッレン▲が東インド総督《そうとく》としてオランダ領東インドの統治を担った。東インドの植民地を本国経済に貢献させるためには、植民地統治政策の刷新が必要と考えられたが、一七九六年以降、東インドと本国のあいだの連絡はほとんど絶えており、本国にも総督府にも各地の現状についての十分な情報がなかった。そこで本国から多数の画家・調査員・科学者が派遣され、植民地の住民の状況や有用な動植物・鉱産物などの調査が行なわれた。

こうした活動に従事した学者たちの研究は、主観的には、ヨーロッパにおけ

▼ファン＝デル＝カペッレン
一七七八〜一八四八年。一八一九年から二六年まで総督。ヨーロッパ的価値観により「恩恵を施す者」として支配を正当化する立場は以後の植民地統治の基本的理念となった。

▼C・G・C・ラインワルト
一七七三〜一八五四年。オランダ

る博物学の大流行を背景に、その発展すなわち知識の拡大と体系化のために、これまで学問的に未知であった地域を調査研究する情熱に支えられたものであったが、一面では「植民地支配の尖兵《せんぺい》」と見ることもできよう。バタフィアにおいても、バイテンゾルフ国立植物園を建設したラインワルト▲、植物園長を引き継ぎ東南アジアの植物分類の権威となったブルーメ▲などが活躍していた。

一八一七(文化《ぶんか》十四)年、以前にドゥーフのもとで荷倉役《にくらやく》として働き、ラッフルズとの交渉のためジャワへ派遣されその後本国へ戻っていたヤン゠コック゠ブロムホフ▲が新商館長として派遣された。在任中の彼は、バタフィアで受けた訓令に基づき、日本との貿易を可能なかぎり有利に進めようと努力する。さらに、シーボルトにさきがけ種痘《しゅとう》技術の移転や温度計・晴雨計による気象観測にも着手した。赴任に際し、一八一六年に設立された王立骨董《こっとう》陳列室の初代室長ファン゠デ゠カステーレおよび東インド総督から包括的な日本の物品の収集▲を行なうようながされ、個人の興味に基づくこれまでのものとは異なる収集を実践したといわれ、大工道具、出島《でじま》の模型などが、現在もオランダにのこっている。

の博物学者。一八一六年ジャワ島の農業・技芸・学術所管の長官に任命された。任期中、国立植物園を建設し、ジャワ島および周辺の有用植物の採取・育成を進めた。

▼C・L・ブルーメ　一七九六〜一八六二年。ドイツ出身、一八一八年東インドに赴き、一〇年の滞在でマレー地方の植物を研究し、帰国後はライデン大学教授となった。

▼ヤン゠コック゠ブロムホフ　一七七九〜一八五三年。一八〇五年からバタフィアで働き、〇九〜一三(文化六〜十)年日本商館に勤務し、一七〜二三(同十四〜文政六)年の日本商館長。一八一八(文政元)年と二二(同五)年の二度江戸へ参府した。

▼日本に関する収集　同時期に出島に勤務した商務員オーフルメール゠フィッセル(一八〇〇〜四八)も同様の収集を行なっていた。

シーボルトの日本派遣

フィリップ＝フランツ＝バルタザル＝フォン＝シーボルト▲は、一七九六年二月十七日、ドイツのヴュルツブルク▲で生まれた。祖父も父も医者でヴュルツブルク大学の教授という、医者一家であった。彼が二歳になる直前に父が急逝し、二歳上の兄、一歳下の妹も夭折したため、一八〇五年、母のアポロニアは一人息子となった彼をつれて、彼にとって母方の伯父フランツ＝ヨーゼフ＝ロッが司祭《しさい》をつとめる近郊のハイディングスフェルトに移り住んだ。

伯父のもとで教育を受けたシーボルトは、一八一五年、ヴュルツブルク大学に入学した。医学に加え、化学・解剖学・植物学・薬学・物理学・人類学などを学んだという。彼を下宿させた教授のイグナーツ＝デリンガーをはじめ、大学には祖父や父の知人も多く、彼は多くの教授たちの庇護と薫陶《くんとう》を受け、順調に学業をおえ、一八二〇年内科学・外科学・産科学の学位を授与された。卒業後の彼は、母の住んでいたハイディングスフェルトで開業医を始めた。

しかし、おそらく大学でつちかった自然科学諸分野への関心と未知の領域への探究心がそうさせたのであろう、二年後の一八二二年には、伯父のロッ、医

▼シーボルト　中部ドイツのザクセン・テューリンゲン・アイクスフェルト・ヘッセンなどに分布する家系で、ドイツ語の発音はズィーボルトに近い。貴族を示すフォンを姓に含める場合もあるが、慣用に従い「シーボルト」とした。

▼ヴュルツブルク　ドイツ南西部ヴュルツブルク司教《しきょう》区の主都であったが、ナポレオン戦争期、一八〇三年バイエルン選帝侯《せんていこう》、〇六年にはオーストリア皇帝の弟フェルディナント大公《たいこう》領となり、一四年ふたたびバイエルン王国に帰属した。

師であった父の弟アダム＝エリアスらの助力でオランダ軍医総監《そうかん》フランツ＝ヨーゼフ＝ハルバウルに紹介され、「軍医としてオランダで勤務に就き、東インドの植民地へ行く」ことを勧められ、その決心をする。彼はその理由を「博物学▲研究の特別な愛好心、この偏愛こそ小生を他の大陸に遠征させる決心をさせたものでした」と語っている。当初彼はブラジルへ赴く、という交渉も受けており、どこであれ学問的に未知の土地で研究を行なうことが目的だったと思われる。

一八二二年六月七日、シーボルトはヴュルツブルクをあとにした。旅の途中、彼はいくつかの博物学、自然研究の学会、協会などから会員の資格をえ、多くの学者から援助の約束を受けた。七月十九日ハーグに到着した彼は、オランダ領東インド陸軍外科軍医少佐に任じられた。年俸三六〇〇グルデン、才人とはいえ二六歳の駆出しの医師にとって破格の待遇であることはまちがいない。初発から彼は「特別な医師」だった。

同年九月二十三日、ロッテルダムでドゥ・ヨンゲ・アドリアーナ号に乗船した彼は、一八二三年二月十三日にバタフィアに到着した。当面の任務は近郊ヴ

▼**博物学**　英語のnatural history、オランダ語のnatuurkunde。十九世紀科学のキーワードの一つで、学問分野の分離前の動植物・鉱物・地質など自然物の記載や分類を行った総合的学問。博物学・自然誌(史)・万有学などと訳されるが、本書では「博物学」とした。

シーボルトが生まれたころのドイツ（木村靖二編『新版　世界各国史13　ドイツ史』より）

エルテフレーデンの砲兵連隊第五隊付軍医だったが、四月十八日には、出島商館の医官として日本での勤務を命じられた。日本という研究対象は、このときはじめて明確に定まった。出発前、シーボルトは総督カペッレンの別荘に滞在する機会を持った。学問にも関心の深かった総督は、この野心あふれる新進の博物学者に期待し、援助を惜しまなかった。

さきに述べた当時のバタフィアの状況を背景に、シーボルトは日本についての「総合的科学的研究」を使命としていた、というのがシーボルト研究の通説であった。しかし、近年のオランダ語史料の綿密な分析によれば、当初彼に託されていた「日本における博物学研究」の主たる中身は、日本産植物の種子や生体をバイテンゾルフの植物園に送り、また動植物標本を作成させてバタフィア経由で本国の博物館に送ることであったという。そのかぎりでも総督府は彼に対しかなりの資金を投じている。出島商館付きの医師として月額二三〇グルデンの俸給と会食費四〇グルデン、さらに月額一〇〇グルデンの報奨金が認められた。シーボルトは早速、日本での研究に必要な物品を列挙し、国有倉庫からの調達と、購入分の代金一八二七グルデンの国庫からの支出を認められている。

▼シーボルトの使命　栗原福也氏は、シーボルト自身の研究活動拡大のための政庁への継続的働きかけの状況を明らかにしている。彼をロシアやオランダのスパイとする説は古くからあるが、スパイという語の意味も含め、慎重な検討が必要である。

六月二十八日、シーボルトと、新商館長ステュルレル▲を乗せたドゥ・ドリー・ヘズステル号はバタフィアを出航し、八月十一日には長崎湾内に入港した。到着時の臨検では、シーボルトのオランダ語が聞きとがめられ、オランダ人ではないとの疑いがかかったが、「高地ドイツ人▲（いわゆるドイツ人）」であるという説明を通詞《つうじ》が「山オランダ人」と訳したことで、ことなきをえた。

日本における活動

シーボルトの「商館付医官」という職務は、本来は商館駐在員の健康維持のためのものであったが、シーボルトは早速、彼の博物学研究に資するため、日本人に対する積極的医療行為を開始した。八月二十四日には用意してきたワクチンで種痘▲を試みる。日本滞在の長い前任の商館長ブロムホフは、これまでつちかった人脈をいかし、離任前に美馬《みま》順三《じゅんぞう》・湊長安《みなとちょうあん》・平井海蔵《ひらいかいぞう》・高良斎《こうりょうさい》・二宮敬作《にのみやけいさく》・石井宗謙《いしいそうけん》・伊東玄朴《いとうげんぼく》ら、おもだった門人となる人びとを紹介したという。シーボルトは、一八二三（文政《ぶんせい》六）年十一月にはすでに、オランダ語で博物学と医学を教えはじめている。

▼ヨハン＝ウィルヘルム＝ドゥ＝ステュルレル　一七七六〜一八五五年。マーストリヒト生まれ。軍人出身で東インド陸軍大佐、一八二三〜二六（文政六〜九）年日本商館長。

▼高地ドイツ人　「低地ドイツ（オランダ）」人に対し、現在のドイツ地域の住人をさすいい方。当時はオランダ語もDeutschと呼ばれることがあった。

▼種痘　前任者テュリング同様このシーボルトの試みも、牛痘苗《ぎゅうとう》が効力を失っていたのか、失敗に終った。日本で最初に牛痘接種に成功したのは、一八四九（嘉永《かえい》二）年、モーニッケに学んだ楢林宗建だった。

鳴滝塾舎の図

一八二四（文政七）年四月には、商館長ステュルレルの奉行《ぶぎょう》への推薦の手紙などにより、長崎市中で開業していた吉雄幸載《よしおこうさい》、楢林栄建《ならばやしえいけん》・宗建《そうけん》兄弟の私塾に出張して医学の実地教育を行なうことを許され、同年中に郊外の鳴滝《なるたき》に日本人の名義で家屋を購入し、そこに門人を寄宿させ、診療と教育を行なうことが認められた。これらの前例のない措置は、通詞たちおよび町年寄《まちどしより》高島四郎太夫《たかしましろうだゆう》（秋帆《しゅうはん》）・菅原碩二郎《すがわらてつじろう》らの協力、そして長崎奉行土方出雲守勝政《ひじかたいずものかみかつまさ》・高橋越前守《たかはしえちぜんのかみ》重賢《しげかた》の理解によるものだった。来日早々の種痘に始まり、一八二四年六月三十日には唐通事《とうつうじ》の一人に人口瞳孔《どうこう》の手術をし、視力を回復させるなど、実用的で効果が目に見えやすい医療を武器として彼を売り込んでいく戦略が功を奏したといえよう。また奉行はじめ奉行所の上級役人の出島来訪に際しては、医官の住居に案内して珍しいものを見せるといったサービスもおこたりない状況が、商館日記から読みとれる。

出島の外で医療と教育を行なったこと、とくに、医師たちの前での手術や処方の臨床医療教育が、日本人の彼への評価をさらに高めることになった。

シーボルトが最初に手がけたのは、当初よりの使命であり関心事であった、

▼**茶の栽培方法**　『日本』のなかの一つの章の原型となる、栽培に適した土壌、栽培と茶の製法などに関するシーボルトの報告は、門人の一人高野長英執筆の論文に基づくものであった。

茶の木と実（シーボルト『日本』）

博物学的調査、具体的には、動植物・鉱物などの収集だった。同年の叔父宛の手紙には、これまでに記述されていなかった二五種の動物について論文を書いた、植物学上の発見はもっとある、と述べている。同じ年のうちに彼は、生きた植物を入手・栽培して送る目的で、出島内に植物園をつくった。ヘントの王立農業薬草会社や、バタフィアの農業委員会から、栽培が有益と思われるすべての種子や苗木を送るよう要請され、植物園で育てた苗が発送された。彼に求められた博物学的調査は、基本的にはこうした「有用性」を期待するものだった。その点でのシーボルトの最大の貢献は、粘土と土を層状にいれた箱を用いることで水分を保ち、茶の種子の輸送に成功したことであった。さらに茶の栽培方法▲についても、協力者のビュルゲルと、それぞれに報告書を提出している。

シーボルトは、「博物学的調査」に加え任務をさらに拡大発展させようと熱心に運動した。日本における一年目の実績を報告した一八二四年十一月の長文の手紙で彼は、すでに行なった調査について詳しく説明し、一八二六（文政九）年の江《え》戸《ど》参府《さんぷ》を好機に、幕府《ばくふ》に江戸への長期滞在を認めさせ、日本について総合的調査を展開する計画を示し、承認と財政措置を求めている。それに応える形で総督府は江戸滞在計画を認めるとともに、博物学的調査に加え、言語・地理・統治形態・歴史・宗教・芸術・学問などの領域について全般的学術調査を命じたのである。

彼はまた、調査のために、バタフィアから画家や助手、さらには自分が研究に専念するためもう一人の医官を送ってくれるよう要請している。医官の要求は認められなかったが、画才に優れたフィレネウフェ▲と、医師の資格をもつビュルゲル▲が派遣された。

出島にいながら広範な調査を行なうために不可欠な日本人の協力者については、シーボルトは一〇〇年前の先人より、格段にめぐまれた条件にあった。蘭《らん》学《がく》の発展は、オランダ語で彼と学問的な話のできる人びとを準備しており、その人びとは彼の持つ医学を中心とする西欧の学問の伝授を望んでいた。シーボルトについての最初にして最大の包括的評伝を書いた呉秀三《くれしゅうぞう》氏は、シーボルトとかかわった日本人たちを、⑴門下として直接教えを受けた人びと、⑵初渡来のとき交際または面会した人びと、⑶長崎の町年寄や通詞、⑷諸侯《しょこう》、⑸再渡来のとき面会や質問をした人びと、に分類し、合計一一七人の人名をあげてい

▼カレル＝フーベルト＝ドゥ＝フィレネウフェ　一八〇〇〜七四年。ハーグ生まれ。バタフィアで経理関係の職にあった彼は画才を見込まれ、一八二五（文政八）年、画家として日本へ派遣され、のちに次席にまで昇進し三六（天保七）年まで日本で勤務した。

▼ハインリヒ＝ビュルゲル　一八〇六?〜五八年。ドイツ出身。一八二三年、バタフィアで病院薬剤師となる。シーボルト帰国後、商館の医師として一八三五（天保六）年まで日本に滞在した。

る。交際の実態はさまざまであるが、彼は、医療・教育を通じ、患者たちも含め多くの人びとから、直接・間接の情報や仲介などの便宜を期待できる環境をつくりだすことができたのである。

その中核になったのは、長崎で教えを受けた門人たちであろう。彼らのほとんどはすでに医者・蘭学者として経験と知識を持った人びとであった。長崎への遊学は以前から多くの蘭学者が行なってきたが、オランダ側が積極的・自覚的に教育を推進したことはなかった。シーボルトという求心力をえて、各地の俊英たちが切磋琢磨する熱気あふれる状況を、高野長英《たかのちょうえい》▲は「はなはだ全盛の事に候」と手紙で述べている。シーボルトは、関心にそったテーマで、門人や知人にオランダ語で論文執筆を依頼した。論文提出に対して門人たちには独自の証書をあたえていた。シーボルトの報告には、「日本の友人の協力による日本及びその隣接諸国の記述に役立つ資料」として四六の論文名があげてある。テーマは医学・産科学・薬学・植物や動物・地理・歴史・産業・風俗と多岐にわたり、関心の広さがうかがえる。美馬順三の「日本古代史」の記述、高野長英の「茶の栽培」「南島志」の記述などは、『日本』執筆の際、主要な材料になった。

▼**高野長英**　一八〇四〜五〇年。陸奥国《むつのくに》水沢《みずさわ》出身。江戸・長崎で蘭学を学び、江戸で開業、多くの翻訳も行なった。『戊戌夢物語《ぼじゅつゆめものがたり》』を著わし異国船打払令《いこくせんうちはらいれい》を批判し、幕府の弾圧を受け、逃亡中自殺した。

ケンペルは、みずからの手で多くのスケッチをのこしているが、シーボルトには、彼のカメラ代わりになる画家がいた。前述のフィレネウフェであり、出島出入りの町絵師川原慶賀《かわはらけいが》である。慶賀は、ブロムホフ、オーフェルメール＝フィッセルなどの注文を受けて日本人の生活を描いた絵画を作成していた。さらにフィレネウフェから画法を学び、シーボルトのために、より写実的に日本の生活や道具・風景などを描くとともに、細密描写の動植物画を多数作成した。

論文ばかりでなく、書籍、動植物や鉱物の標本あるいは生体、民具工芸品や諸国の産物などが、彼の要請により、あるいは贈物として、彼のもとに集められたが、自然科学者としてのシーボルトは、実際に観察や採集や測量を行なう機会をなにより切望していた。そのための最大のチャンスが江戸参府であった。

江戸参府旅行

一七九〇(寛政《かんせい》二)年以降、オランダ人の江戸参府は、四年に一度に変更されていたため、シーボルトは二年半近く待たねばならなかった。その間に彼は綿密な準備をし、前述の総督宛の報告にもあるように、江戸での滞在期間を自分

川原慶賀画のシーボルト肖像画

▼**川原慶賀**　一七八六〜一八六五年?。通称登与助。町絵師として一八一〇年代には出島や唐人屋敷に出入りしていた。シーボルト事件で軽い処罰(叱り)を受けたあとも、出島との関係は保っていた。

▼**江戸参府の頻度**　商館長の江戸参府は、船の来航がない場合を除き毎年行なわれていたが、一七九〇年の貿易半減令にともない、負担軽減のため四年に一度となり、他の年は通詞が献上品を江戸に届けた。

だけ延長することを画策していた。一八二六(文政九)年の参府者は商館長ステュルレルと医官シーボルト、書記としてのビュルゲルであった。日本人役人は、検使《けんし》▲を筆頭に、三人の下級検使、そして大通詞末永甚左衛門《すえながじんざえもん》・小通詞岩瀬弥十郎《いわせやじゅうろう》であった。シーボルトの記述によれば、随行した日本人は合計五七人であった▲。

そのうちに含まれるのか否か判然としないが、シーボルトは弟子の高良斎、画家登与助《とよすけ》(慶賀)と標本つくりを手伝う二人の召使も同行させた。さらに、助手としての同行が認められなかった弟子三人と園丁一人が、通詞の従者という名目で加わっていた。手足となる日本人を何人も同行したのは、シーボルトの参府の特徴であろう。彼らは一行と離れ、行列ではとおらないさまざまな場所で観察や収集、スケッチなどを行なったのである。また、かつて長崎で学んだ門人たちも多く宿所へ訪ねてきた。彼らは、指示されていた論文を完成させて届け、また自身の患者をつれてきて見立てを求めた。返礼の贈物をし、あらたなテーマをあたえるのに際し、シーボルトは「常に品位と威厳をもって行ない、同時に心を打つ力強い言葉を使うようにつとめた」と記している。自身の研究

▼検使　同年の参府付添《つきそい》検使は、日本側の記録では長崎奉行大草能登守《おおくさのとのかみ》家来《けらい》水野《みずの》平兵衛《へいべえ》で、シーボルト事件で処罰を受けているが、シーボルトは誤記か故意に名を伏せたのか、カワサキ＝ゲンゾウと記している。

▼参府随行の日本人　ほかに四人の筆者と二人の宰領《さいりょう》、荷物運搬人夫の監督一人、役所の小使七人、オランダ人のための料理人二人、日本の役所の仕事をする小者三一人と料理人一人などがいた。

に資するよう「シーボルト先生」を日本人に強く印象づける意識的パフォーマンスであった。

参府の旅程そのものは、通常の参府ととくに変わったものではなかった。オランダ人一行の宿所には、一八〇二(享和《きょうわ》二)年の参府以降、また多くの訪問者がやってくるようになっていたが、このときはいつにも増して多くの人びとが訪ねてきていた。シーボルトの参府についての叙述の特徴といえるのが、門人たちを使っての情報収集の具体的ようすや道中での人びととの交際についての詳細な記録である。いくつかの重要な出会いをあげておこう。

三月二十九日、宮《みや》の宿舎へ、水谷豊文《みずたにほうぶん》・伊藤圭介《いとうけいすけ》・大河内存真《おおこうちぞんしん》が多数の動植物の標本やスケッチを持参して訪ねてきた。日本植物の画帳が、すべての植物の属名をリンネの分類法▲によってほぼ正確に同定していたことに、シーボルトは驚嘆している。シーボルトは彼らに植物解剖学的知識を伝え、また彼らから、多くの動植物や鉱物を入手した。その後も手紙による交際は続き、伊藤は長崎にも遊学した。この出会いは双方の植物研究に大きな進展をもたらした。

三〇年来の「オランダ人の友」ですでに八〇歳をこえた島津重豪《しまづしげひで》とその実子で

▼**リンネの分類法**　弟子のツュンベリーによって日本に伝えられ、シーボルトの来日時には水谷や伊藤らは、すでにリンネの著書『自然の体系』オランダ語版を研究に用いていた。

前中津《なかつ》藩主の奥平昌高《おくだいらまさたか》は大森《おおもり》まで来て一行を迎えた。さらに昌高は四月十一日の江戸到着当日から連日のようにお忍びで、四月十五日には正式に長崎屋を訪問した。またシーボルトは重豪の側室の一人の診察もしている。彼はこうした礼儀正しい高貴な人びととの交際を、非常に好ましく感じていた。

四月十六日、シーボルト自身が特別な日、と記すのは、最上徳内《もがみとくない》▲との出会いであった。徳内は数度にわたってシーボルトを訪問し、樺太《からふと》探検のようすやアイヌの風俗、蝦夷《えぞ》語、北方の地理などについて語り、蝦夷の海と樺太島の略図を極秘で貸し、ほかにも多くの情報をあたえた。徳内は一行を小田原《おだわら》の先まで同行して見送っている。学問的関心を同じくする人びとが、出会い、語り合う喜びは、移動手段の面でも政治体制の面でも制限の大きかった当時であればなおさら、双方の胸に響くものであったのにちがいない。

天文方高橋景保《てんもんかたたかはしかげやす》との出会いは、のちに二人の運命を変えるものとなった。シーボルトは参府中の高橋の来訪を三度、非常にひかえめに叙述しており、高橋が、日本の地図、蝦夷・樺太の地図および同地方への間宮林蔵《まみやりんぞう》▲の探検記などをシーボルトに送る約束をしたことがかろうじてわかる程度である。しかし、長

▼**最上徳内**　一七五五～一八三六年。出羽《でわ》国の生まれ。江戸で学び、一七八五(天明五)年幕府の蝦夷地探検隊に参加。普請《ふしん》役に抜擢され、樺太・択捉《えとろふ》島などを探検し、箱館《はこだて》奉行支配調役となる。

▼**間宮林蔵**　一七七五～一八四四年。常陸《ひたち》国の生まれ。幕府の蝦夷地御用雇として測量・探検などにあたり、普請役にまで進んだ。千島《ちしま》・樺太を探検し、樺太が島であることを実証した。

最上徳内の肖像(シーボルト『日本』)

1826年の江戸参府紀行の章立て

> 第１章　通常行われている江戸参府旅行の概要，参府の使節役を務める日本駐在のオランダ商館長のための手引きとして，批判的に記された／第２章　1826年の江戸参府の序／第３章　長崎から小倉への旅／第４章　小倉から下関への渡航と同地での滞在／第５章　下関から室への海上の旅と室滞在／第６章　室から大坂への陸上の旅／第７章　大坂と京都滞在／第８章　京都から江戸への旅／第９章　江戸滞在／第10章　江戸から京都への帰りの旅／第11章　京都滞在と大坂への帰りの旅／第12章　大坂滞在／第13章　大坂から長崎への帰りの旅
> （シーボルト『日本』第４編より）

崎へ戻ってからも両者は何度も文通しており、たがいの関心事を十分に理解しあっているその内容から、江戸ですでに気心が知れあうほどの交流があったことはまちがいなかろう。また、間宮林蔵本人とも会っていた。

そのほかにも、江戸滞在中に訪ねてきた学者たちは、将軍侍医《じい》の桂川甫賢《かつらがわほけん》・土生玄碩《はぶげんせき》・栗本瑞見《くりもとずいけん》、津山藩医宇田川榕庵《うだがわようあん》、中津侯家臣《かしん》神谷源内《かみやげんない》、当時の江戸蘭学の総帥大槻玄沢《おおつきげんたく》など、枚挙に暇がない。そしてその何人かは、数度にわたってたがいの関心にそった情報交換ができる相手であった。

こうした蘭学者たちの熱気とは対照的に、江戸城における一行の拝謁は、まったく儀式的なものであった。シーボルトは、ケンペルのように踊らされたり、歌わされたりしなかったことを喜んでいるが、将軍家斉《いえなり》は、シーボルト個人にはまったく関心を示さなかったわけである。

江戸滞在延長計画

シーボルトは早い時期から、江戸での滞在を延長し、さらにあわよくば各地を旅行する許可をえたいとさえ考え、バタフィア政庁からもそれを承認されて

いた。『日本』の叙述によれば、「使節派遣が終ったのち、もっと長期間しかも国費で江戸に滞在し、将軍家の医師に博物学や医学を教えることを口実にして、状況次第で日本の国内を旅行しようという計画」であり、彼自身は「長崎奉行や江戸在住の身分の高い二、三の庇護者の影響力もあり、すでに医師としてまた自然科学者として前評判が高かったので、江戸幕府がこの計画に承諾をあたえるであろうという期待は、いっそう確実なものになった。なぜなら、それに関連して日本人が受ける利益も莫大なものだったからである」と考えていた。彼のよくいえば学問至上主義、あるいは自己中心的発想からすれば、可能であるべきこの計画も、客観的に見ればそもそも実現不可能なものであった。

江戸参府はすでに一五〇年以上、幕閣との直接交渉の場ではなく儀礼のためのものであり、また身分の高い庇護者すなわち大名《だいみょう》たちは幕政に口出しする立場にはなかった。シーボルトは桂川甫賢ら奥医師たちの協力でことを進めようとし、彼らはそのため「請願書」をだすといい、当初は有望だと伝えてきたが、やがて、漢方医たちが反対している、と知らせ、結局「侍医たちの請願を、将軍が却下」したとシーボルトに報告している。しかし、この過程を裏づける史料はほかにない。本国でシーボルトの活動への評価を求められた元商館長ドゥーフは、許される見込みが少ないことを予見しており、医師たちはシーボルトから利益をえるために約束するが、実際に権限をこえてなにかを行なうとは思えず、商館長をとおさない単独行動はオランダ人の不利益になる、と危惧していた。

帰路の京都で一行は、所司代《しょしだい》▲と二人の町奉行を訪問し、祇園社《ぎおんしゃ》や清水寺《きよみずでら》・方《ほう》広寺《こうじ》・三十三間堂《さんじゅうさんげんどう》などに立ち寄り、大坂でも天下茶屋《てんがちゃや》・住吉明神《すみよしみょうじん》・天王寺《てんのうじ》を訪れ、二人の町奉行を訪問したあと住友の銅吹《どうふき》所を視察し、歌舞伎《かぶき》見物をする、という江戸参府の定番コースをたどっている。彼の印象では、京都は江戸や大坂よりみすぼらしく、商業都市大坂のほうが評価が高い。

参府旅行のあいだにシーボルトは何軒もの植木屋を訪問しており、園芸の発達に注目している。植木屋たちは寺社や屋敷の庭園整備などで繁昌し、品種の改良や移植などを通じて存在したであろうネットワークを背景に、彼の植物収集の依頼に応えることができた。往路に依頼した植物は、しばしば復路にはすでに出島へ発送されており、シーボルトを喜ばせている。

▼**京都所司代**　畿内《きない》近国と京都市中の支配、朝廷《ちょうてい》・公家《くげ》・寺社の監察《かんさつ》などにあたった役職。京都市中の支配は一六六八(寛文《かんぶん》八)年に京都町奉行がおかれ、その管轄下にはいった。

こうして、江戸滞在の延長こそえられなかったが、シーボルトの江戸参府はおおむね成功裡に終った。その一方で、しだいに不和がつのっていた商館長との関係は、もはや修復不能なまでに悪化していた。シーボルトは著書のなかで、ステュルレルの非協力や妨害に言及しているが、参府旅行は本来オランダ商館を代表する商館長の将軍への挨拶が目的である。すべてを自分中心に考える秀才で傲慢な若い医官が、あらゆる点で商館長の感情を逆なでしたことは、想像にかたくない。日本人のあいだでのシーボルトの高い人気もそれに拍車をかけたであろう。そしてシーボルトは自分の側にも非があるとはまったく思っていなかったようすである。

一八二六(文政九)年七月七日に参府から帰ったシーボルトは、さらに、数度にわたり長崎近郊への調査にもでかけている。とはいえ、彼の調査活動が終りに近づいたことは確かであった。バタフィアでも総督が交替し、費用のかかるシーボルトの仕事には必ずしも肯定的でない意見がでてきていた。政庁は一八二七年七月二十日には、彼を日本から帰還させることを決定し、バタフィアまたはオランダでコレクションの活用に専念させようとした。

シーボルト事件と国外追放

　一八二八(文政十一)年の船で帰国すべく、シーボルトは準備を進めていた。政庁の意志により、「日本の自然科学やその他の学術に関する調査」は彼を助けてきたビュルゲルが引き継ぐことになった。収集物を荷造りしてバタフィアへ送るための経費も手当てされ、同年来航のコルネリス・ハウトマン号▲に積載されることになっていた。そこへ十月二十八日に江戸から、シーボルトが高橋景保宛の小包に同封し、高橋が取り次いだ、間宮林蔵宛の手紙と贈物の更紗《さらさ》一反が返送されてきた。二月に長崎のシーボルトから送られた包みを五月十一日に受け取った高橋は、すぐに間宮宛のものを彼に届けたが、間宮は開封せずに勘定《かんじょう》奉行村垣淡路守定行《むらがきあわじのかみさだゆき》に提出したという。これが、外国人と私的に文通し、上司に報告せず隠している、と問題になり、高橋の身辺が内偵されることになった。

　商館長の日記には、シーボルトと学術的な交流のある人物との対抗から、間宮が嫉《ねた》みをいだきこの手紙のことを暴露した、との情報をえたとある。実際、高橋と間宮の不仲の噂《うわさ》は当時から存在していた。このときの長崎奉行の商館長

▼コルネリス・ハウトマン号
一八二八年八月に入港した同船は、九月十七・十八日に長崎地方を襲った暴風雨によって座礁した。その際同船に積まれていたシーボルトの積荷から地図などの禁制品が多数発見され、事件の発端となったというのが通説であったが、近年、梶輝行「蘭船コルネリス・ハウトマン号とシーボルト事件―オランダ商館長メイランの日記に基づく考察を中心に―」(『鳴滝紀要』六号、一九九六年)などにより否定された。

への申渡しは、「このようなことは以前からしてはいけないことだが、知らなかったのだろうから、以後は気をつけるように」という穏便なものであった。しかし、十一月二十八日には門人の医師たちが名指しで出島への出入りを禁じられ、シーボルトが間宮と文通しようとしたのに協力したのが理由だと説明された。

江戸では十一月十六日に高橋景保の自宅が捜索を受け、彼と配下の下川辺林《しもかわべりん》右衛門《えもん》が捕縛されていた。その情報は長崎へも伝えられ、十二月十六日には高橋より送られた日本地図を押収すべくシーボルトへの尋問と住居の捜査が行なわれた。その後、シーボルトは出島内で厳しい監視のもとにおかれ、江戸からのあらたな命令が届いた一八二九(文政十二)年一月二十七日以降、数次にわたって奉行所で尋問され、また二三カ条の尋問内容の書面を示され、回答を求められた。彼の出発は許されず、船は彼をのこしてようやく二月後半に長崎を離れた。

シーボルトへの尋問の内容は、高橋との文通をもとに、地図をはじめとする贈答品の内容と、その仲介者が誰であるか、という点にしぼられていた。シー

獄中で死亡した高橋景保の遺体の塩漬瓶の図(『蛮蕪子《ばんぶし》』)

ボルトは、協力者に迷惑がおよぶのを恐れ、記憶が曖昧《あいまい》であると主張し、一貫して協力者の名をあげることを拒んだ。長崎奉行は商館長に説得を要請し、全員でなく四、五人でよいのでとにかく名をあげて、事態の早期解決をはかるよう求めた。

結局シーボルトは最後まで応じなかったが、多くの人びとが江戸と長崎で捕縛された。二月十六日、入牢中の高橋は病死し、判決まで遺体は塩漬けとされた。彼の死の噂は四月には長崎にも届いている。その間数度「禁制品《きんせいひん》」の捜索が行なわれ、三月四日、葵《あおい》の紋のついた帷子《かたびら》が発見され、将軍侍医土生玄碩が白内障の手術に用いる開瞳剤《かいどうざい》の伝授と引きかえに渡したものと判明した。「禁制品」とされた品々、たとえば本来防衛上の理由で禁止とされた地図や風景画、武者絵、刀などの武器・武具などが、国外へもちだされることは、実際にはまれではなく、取締りの厳しさも時期によって大きな差があったのである。

五月、六月にも一度ずつ奉行所から呼出しがあった。このころにはシーボルトに贈られた品々の行方《ゆくえ》がほぼ判明したという。その間江戸での捜査は極秘裏に厳重に行なわれていた。七月、八月にも、下問《かもん》が伝えられ回答が提出された

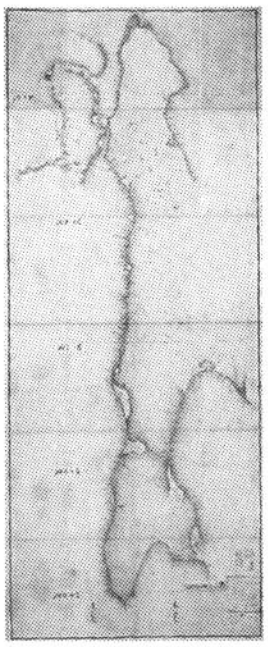

シーボルトから没収された樺太島図　間宮林蔵が実測した測量図をもとに作成された精密な図。

が、シーボルトへの申渡しは、奉行が交代し、江戸からの命令が届いたのち、十月二十二日のことで、その内容は、「参府中各方面から贈られた品のなかにご制禁の品もあったのに、通詞にも届けず受け取り、尋問の際、嘘を述べた。ご制禁と知らなかったとはいえ、国法に背いたことは不埒《ふらち》であるので、貰い受けた品は取り上げ、今後国禁《こっきん》を申しつける」、すなわち国外追放と再渡航の禁止、であった。すでに出国している前商館長ステュルレルも監督不行届きにより国禁とされた。

　関係した日本人の判決はさらに遅れ、土生玄碩とその息子には一八三〇（天《てん》保《ぽう》元）年一月十日に改易《かいえき》が申し渡された。四月二十八日「存命なら死罪」の高橋景保と遠島《えんとう》になった二人の息子に加え、高橋の下僚、江戸の阿蘭陀《おらんだ》宿主人ら一〇人余りが江戸の評定所《ひょうじょうしょ》で追放、押込《おしこめ》、叱《しか》りなどの判決を申し渡された。通詞のうち地図受渡しなどの主要な仲介役となった吉雄忠次郎《ちゅうじろう》・稲部《いなべ》市五郎《いちごろう》・馬場《ばば》為八郎《ためはちろう》は江戸へ送られ、大名預けの永牢《えいろう》とされ、長崎へ戻ることなく刑地で死亡した。長崎奉行のもとでも、門人の医師、通詞やその筆者、奉行所の下役、部屋付や日雇いとしてシーボルトの手伝いをした者など、二〇人以上が処罰を受けた。

高橋がシーボルトに贈った地図は「伊能図《いのうず》▲」や北方の図であったとされる。幕命による測量事業に基づく当時最新の地図が、その総括責任者の手で無断で外国人にあたえられていたことは、幕府にとって衝撃だったであろう。そして葵の紋付の私的譲渡は、将軍の権威を傷つける、発覚すれば許せない性質のものであった。こうして、シーボルトをめぐる蘭学者たちのいささか舞い上がった状況に、幕府は冷水をあびせることになった。この事件はのちの蛮社《ばんしゃ》の獄《ごく》▲につながる学問の弾圧とも見られるが、ここで処罰されたのは在野の蘭学者たちではない。官学《かんがく》化した蘭学の拠点たるべき天文方の学者の活動も、幕府の意に背けば厳正な処罰を受けることが、この事件によって明示されたといえよう。

一八二九年十二月三十日、シーボルトは日本を離れた。『日本』の記述によれば、シーボルトは収集品の多くを毎年の船ですでに送っており、また没収の前に、もっとも重要な地図類などを、夜を徹して写したという。日本側の没収対象が彼らのいう「禁制品」に限られていたこともあり、この事件によってシーボルトのコレクションはさほど大きな影響は受けなかったとされる。

▼**伊能図**　伊能忠敬(一七四五〜一八一八)を中心とする日本最初の実測の結果を用いた全国海岸線の地図『大日本沿海輿地全図《だいにほんえんかいよちぜんず》』で、一八二一(文政四)年に幕府に献上された。

▼**蛮社の獄**　幕府による洋学者弾圧事件。一八三八(天保九)年のモリソン号来航をきっかけに、異国船打払令を批判した渡辺崋山《わたなべかざん》・高野長英が捕縛され、同志の小関《こせき》三英《さんえい》も自殺した。

④—シーボルトの日本研究と再来日

ヨーロッパへの帰還とその後の生活

一八二九(文政《ぶんせい》十二)年十二月三十日に長崎を発ったシーボルトは、バタフィアをへて、翌年七月七日オランダのフリシンゲンに到着した。その後はライデンに居を定め、収集物の整理と日本研究の成果の執筆を開始した。一八三二年には故郷を訪問し、バイエルン国王ルードヴィヒ一世の謁見と勲章授与を受けている。一八三四年から三五年にかけて、『日本』の出版継続▲のため、予約購読と資金援助を要請する旅にでた。最初の訪問地サンクト・ペテルブルクでは、日本への探検航海をしたクルーゼンシュテルンにも会い、北方の地図について意見を交換している。さらに、モスクワ、ベルリン、パリ、ドレスデン、ウィーン、ワイマールをまわり、ロシアのニコライ一世、オーストリアの皇帝フランツらの宮廷を訪問し、著名な学者たちと面会し、各地の学会に会員として迎えられた。

一八三九年ごろからは、夏はライデン、冬はドイツに住むようになる。一八

▼**『日本』の出版継続**　大きな出版物を分冊として予約者や書店に配布するのは、当時の出版にはよくある方法だった。色付きの版画による挿絵を多く含む大部の著書を、希望どおりの姿で出版するには莫大な資金が必要だった。

帰国後ライデンでのシーボルトの住居　現在はシーボルトハウスとして関係資料を展示している。

四五年ベルリンで二五歳年下のヘレーネ＝フォン＝ガーゲルンと結婚、翌年には長男アレクサンダーが誕生した。一八四七年にライン河畔ボッパルトに移住し、プロイセンの国籍も取得した。一八五三年からは研究上の便宜のえられるボンに転居した。この間オランダ国王ウィレム二世は寛大に自由を認め、一八四九年彼を蘭領インド陸軍参謀付として処遇し、また植民省《しょくみんしょう》の日本問題顧問に任じた。シーボルトに対しては多くの大学から教授就任の誘いがあったが、彼は研究に専念したいことを理由に、ついにその申し出を受けることがなかった。

『日本植物誌』と『日本動物誌』

シーボルトは来日して調査を行なっている段階から、日本の動植物についての出版を意図しており、自身がもっとも情熱を持っていたといわれる植物学については、『日本植物誌』を企画した。ケンペルやツュンベリーによって日本の植物はある程度紹介されていた一方、当時の植物学は日進月歩の発展をとげており、その水準に見合うものを出版するためには、第一線の植物学者の協力が不可欠だった。シーボルトは同郷のツッカリーニを共同研究者として、この仕

シーボルト『日本植物誌』Flora Japonica扉

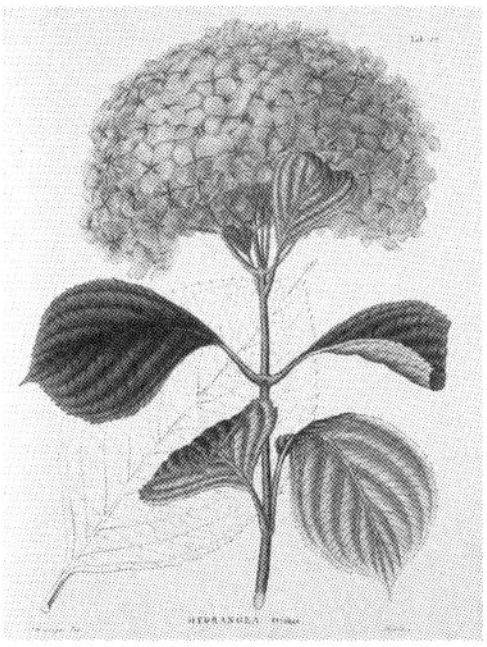

アジサイ（シーボルト『日本植物誌』）　この花の学名 Hydrangea Otaksaはシーボルトの愛妾其扇《そのぎ》の本名「おたきさん」からとられたという。

事に着手した。第一巻は一八三五年に刊行が開始され四一年に完結したが、四二年に最初の分冊がでた第二巻は、四四年に出版費用の問題などから中断し、二人の死後、遺稿を整理したミクエルが七〇年に第六から第一〇分冊までを出版したところで、彼の死によって永遠に休刊となってしまった。

この『植物誌』は観賞植物・有用植物がおもな対象であり、ラテン語による分類学的所見とともに、フランス語による日本での生育場所や利用法などについての記述が付され、多数の図版が掲載されている。そのもとになったのは日本で集めた標本とともに、押し葉ではわからない生きた植物の色を再現したスケッチであった。紹介された植物の数は一四〇種、そのうち五二種は新種であった。この出版により、日本の植物についての研究が欧米の植物と同水準に引き上げられたこと、日本産植物がヨーロッパに紹介され受容されたこと、植物画集としても優れていたことなどの点で、また当時の日本における植物利用の実態を伝える点でも、シーボルトの『日本植物誌』は高く評価されている。

一方、標本やスケッチばかりでなく、植物の種子や実物を採集し持ち帰ることが、シーボルトに課せられた重要な使命だった。茶の栽培もその一例である。

シーボルト『日本動物誌』Fauna Japonica扉

彼は一八四二年、ライデルドルプに土地を確保し、ライデン国立腊葉館《さくようかん》館長ブルーメとともに王立園芸奨励協会を組織した。協会は、日本と中国の植物を輸入し、ヨーロッパの気候に馴化《じゅんか》させた苗木を育て、一般に販売しており、シーボルトの企業家としての一面を垣間見せている。販売目録は一八四五年から八二年まで発行され、日本や中国の園芸植物の普及に一役買っていた。

植物とともに、多数の生物の標本も収集された。動物学の分野では、先行するツュンベリーの仕事などによっても、日本の動物は三五〇種が報告されているのみであった。シーボルトはライデンの国立自然史博物館館長テンミンクの協力をあおぎ、同館の専門家、脊椎《せきつい》動物部門のシュレーゲル、無脊椎動物部門のドゥ＝ハーンの参加をえることができた。この『日本動物誌』出版も、できたところから分冊を刊行していく方法で行なわれ、脊椎動物についてのフランス語で記述された四巻と、甲殻類についてのラテン語の一巻が、一八三三年から五〇年に刊行された。ドゥ＝ハーンの後任ハークロッツによって第六巻の刊行が計画され、原稿の一部がのこっているが、この大著が完結することはなかった。『日本動物誌』によって、六三種の哺乳類、二〇一種の鳥類、一六種の爬虫類、一一種の両生類、三三〇種の魚類、一八二種の甲殻類が記述され、そのうち合計三一三種が新種である。オオサンショウウオ▲など日本を代表する各種の動物が学界に紹介された意義は大きい。美麗な図版も多く含まれ、その原版はおもに標本▲に基づいて作製されたが、第四巻魚類編では、ビュルゲルが川原慶《かわはらけい》賀《が》に書かせた彩色写生画が用いられ、もとの色彩をみごとに再現している。

豪華な図版を含む刊行物によって日本産の動植物をより身近に紹介する二つの出版物は、動物学・植物学の基本的な文献となった。

未完の大著『日本』

シーボルトが長期にわたって完成に向けて奮闘を重ねたのが、『日本』であった。その副題は「日本とその隣国、保護国—蝦夷《えぞ》・南千島《みなみちしま》列島・樺太《からふと》・朝鮮・琉球《りゅうきゅう》諸島—の記録集。日本とヨーロッパの文書および自己の観察による」(岩生成一監修『シーボルト「日本」』)とされており、彼は、自分の観察や発見を取捨選択しておもな内容を出版するのではなく、自分自身や日本の友人たちによってすでに書かれた論文および収集した多様な資料をそれぞれ独立した分冊形式

▼オオサンショウウオ　シーボルトは参府途上鈴鹿《すずか》山中で生きたオオサンショウウオを入手した。一八二九(文政十二)年の帰国時、雌雄を輸送したが、途中で共食いし、雄のみがヨーロッパに着いた。

▼標本　シーボルトは一八二九年の第三回の標本送付に際してのみでも、軟体動物四六〇種一六六五点、昆虫六〇〇種二四〇〇点、棘皮《きょくひ》動物三〇種一四〇点という大量の標本を送り出しており、その一部は今も同博物館に保存されている。

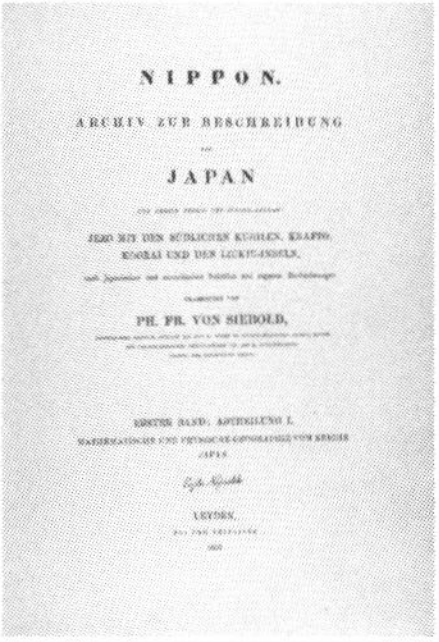
NIPPON.
ARCHIV ZUR BESCHREIBUNG
JAPAN
PH. FR. VON SIEBOLD,
LEYDEN.

シーボルト『日本』扉

で刊行し、全体を記録集あるいは資料集という性格付けにする方法を選んだ。第一分冊は一八三二年に刊行され、五一年に第二〇分冊が刊行されたとき、のこり二回の配本で完結との予告がだされたが、その二分冊は結局刊行されずに終った。▲既刊分のなかにも、数カ所内容的に中断されている部分がある。シーボルトは二度目の来日の際にも、関係資料を四〇箱も運んでいったが、作業は完結しなかった。

シーボルトが『日本』の基礎とした資料は、江戸参府《えどさんぷ》の日記をはじめとする自身の調査記録に加え、門人たちのオランダ語論文、そして入手した図書、地図などであった。門人たちの論文の一部は、出島《でじま》滞在中にすでにビュルゲルがドイツ語に翻訳していた。オランダに戻ってから助手として日本語や漢文について協力したのが、広東《カントン》人の郭成章▲と、同郷のホフマン▲であった。

次ページの表に示したのは、刊行された同書の目次の一覧である。地理、歴史、民族・国家、宗教、貿易と経済などの項目で過去と現在の日本を語るケンペル以来の方法と同時に、朝鮮、蝦夷・千島・樺太および黒竜江《こくりゅうこう》地方、琉球諸島を独立の項目としているところに、この著作の時代性を見ることができよ

▼『日本』の刊行本　シーボルト自身はこの二〇分冊を一八五二年に再整理してあらたに本文六巻図版一巻の七巻本として発行している。また、彼の死後一八六四年に五二年版が再度発行され、九七年には簡約版が刊行された。

▼郭成章　広東大埔《たいほ》県の人、乾坤草堂主人と号する。バタフィアでシーボルトに雇われ、漢字・中国語・マレー語についてシーボルトを助けた。ホフマンに中国語を教えたのも彼だといわれる。

▼ヨハン＝ヨーセフ＝ホフマン　一八〇五〜七八年。ヴュルツブルク生まれ。一八三〇年シーボルトと出会って助手となった。のちライデン大学の教授となり、日本語・中国語を担当、日本語研究の著書『日本文典《ぶんてん》』がある。

シーボルト『日本』の叙述項目

第1編　日本の地理とその発見史　　第1章　ヨーロッパ人の日本発見と現代に至るまでの日本との関係／第2章　日本人と中国人・朝鮮人およびその他の近隣諸民族との交通／第3章　日本国の名称，位置，面積および区画／第4章　ヨーロッパ人による日本とその近隣諸国・保護国の海域における発見の歴史的概観／第5章　日本人による自国領土およびその近隣諸国・保護国の発見史の概観
第2編　日本への旅　　第1章　1823年におけるバタヴィアから日本への旅(1)／第2章　バンカ島の地理・統計に関する記述稿／第3章　1823年におけるバタヴィアから日本への旅(2)／付　1662年の中国人国姓爺による台湾征服
第3編　日本民族と国家：民族文化の発展および現国家形態の生成と確立の歴史
第4編　1826年の江戸参府紀行(1)〈章立ての詳細は60ページ参照〉
第5編　日本の神話と歴史　　第1章　日本歴史への寄稿／第2章　日本歴史年表緒言／第3章　和年契もしくは日本の歴史年表(第1期　征服者神武より第1回高麗戦争まで／第2期　第1回高麗戦争より仏教渡来まで，または神功皇后より敏達天皇まで／第3期　仏教輸入より源頼朝による将軍支配の確立まで／第4期　源頼朝による将軍支配の確立より源家康まで／第5期　源家康と新秩序の建設から現在まで)／アルファベット順の日本の年号索引／日本歴史年表の訂正／付1　日本の計時法について／付2　日本人の一日の区分について／付3　花暦について
第6編　勾玉：考古学——古代日本住民の宝物である勾玉
第7編　日本の度量衡と貨幣：日本国の尺度・面積・桝目・目方・貨幣本位について
第8編　日本の宗教　　第1章　日本における神の神事(神道)，仏教(仏道)，孔夫子の教説(儒道)の歴史的概観／第2章　日本列島の住民の古来の宗教である神の神事(神道)の概要／第3章　偶像崇拝，日本における仏教の低俗な宗教的祭祀
第9編　茶の栽培と製法　　第1章　日本における茶の栽培と茶の製法／第2章　茶樹についての記述／第3章　日本の一茶園の土壌に関する化学的研究／第4章　ジャワにおける日本茶の移植栽培
第10編　日本の貿易と経済　　第1章　外国貿易の制限とヨーロッパとの通商関係途絶後の国内産業の発達／第2章　当初から現在に至るまでの日本におけるオランダ人の貿易／第3章　オランダ人の航海と貿易。外国貿易，とくにオランダ人の貿易組織。輸入品と輸出品。日本におけるオランダ貿易の現況についての評価と将来への展望／第4章　日本と中国の貿易／第5章　日本とその保護国・近隣諸国——朝鮮，琉球，蝦夷，南千島列島と樺太との貿易／第6章　国家の物質的補助資源。国民の生産的，工業的および商業的階級。国内産業
第11編　朝鮮　　第1章　日本の海岸に漂着した朝鮮人より得た朝鮮事情／第2章　朝鮮人，対馬の日本の武士および役人，釜山における日本商館などから得た種々の情報／第3章　語彙／第4章　韃靼海岸に漂着し，北京へ送られ，そこから朝鮮を経て故郷へ帰された日本人漁民の朝鮮見聞記。——日本の著作『朝鮮物語』より／第5章　朝鮮国の制度，官吏および廷臣／第6章　中国語彙「類合」——朝鮮語訳および中国語の朝鮮読み併記。(J. ホフマン校訂訳)／第7章　日本の文献による日朝・日中関係。(J. ホフマン著)／第8章　千字文
第12編　蝦夷・千島・樺太および黒竜江地方　　第1章　樺太と黒竜江地方についての情報。『東韃紀行』すなわち間宮林蔵による東タタリアの紀行／第2章　蝦夷および樺太におけるアイヌという種族／第3章　アイヌの言語／第4章　アイヌ語彙集／第5章　蝦夷・樺太および日本領千島の天産物／第6章　蝦夷島の人口の今昔
第13編　琉球諸島　　第1章　琉球諸島の位置，名称，区分および大きさ／第2章　伝説，最古の歴史，舜天王朝／第3章　称号，官職，位階，氏姓／第4章　住居について／第5章　冠と服装／第6章　性格，風俗，習慣，刑罰／第7章　四季ごとの年中行事と祭礼／第8章　舞踊，演劇，歌謡，音楽／第9章　宗教的儀礼／第10章　学問／第11章　言語と文字／第12章　気候，農業，産物，交易，貨幣／第13章　尚巴志王統以後の琉球王の歴史補遺／第14章　沖縄本島植物目録
付1　日本人の起原について／付2　日本の司法制度研究への寄与／付3　日本の鍼術知見補遺(烙針法)／付4　艾の効用について／付5　フィリップ・フランツ・フォン・シーボルト略伝

(岩生成一監修『シーボルト「日本」』より)

う。ケンペルやツュンベリーの著作では日本の周辺地域は視野にはいっておらず、ティツィングは新井白石《あらいはくせき》の蝦夷に関する記述を翻訳したが、それを含む著作を出版することはできなかった。シーボルトの時代には、とくに北方について日本側の関心が高まり、彼はその人脈を通じて最新の情報にふれることができたのである。

シーボルトの『日本』は、その膨大な分量と多様な図版などによって、当時の日本の最新の状況を示す大著であった。しかし、その後の日本の急激な変化によって、短い期間に、過去の日本の姿をのこす書物になってしまったといえる。

対日外交への助言

帰国後のシーボルトは、植民省の日本問題担当顧問に任じられていた。しかし、オランダ政府が実際に対日政策を変化させ、彼に助言を求めるのは、一八四〇年代になってからであった。アヘン戦争における清《しん》の敗北の情報を契機に、一八四二(天保《てんぽう》十三)年、幕府《ばくふ》は異国船打払令《いこくせんうちはらいれい》を撤回し、薪水給与令《しんすいきゅうよれい》を発した。▲商館長ビックからのその報告は東インド政庁を通じ本国植民省へ伝達された。

▼**異国船打払令と薪水給与令**
外国船の近海への出没に対応して、幕府は一八二五(文政八)年、異国船を発見しだい「無二念」(二念《にねん》なく)打ち払うよう命じていたが、食糧・薪水を給与し、穏便に退去させる方針に転換した。

諸外国がこの命令を日本開国《かいこく》の兆しと判断し、日本に接近した場合、日本に開国の意志がなければ、武力衝突の起こる可能性もあると見たオランダ政府は、日本がおかれている状況を知らせ、危険を回避するよう警告することを国王に進言し、ウィレム二世の親書《しんしょ》▲が準備されることになった。

この書翰の内容、進物の選択、使節の仕立て方や長崎の商館長への訓令の内容などについて、シーボルトは意見を求められた。彼は、使節の派遣は無私無欲で行なうこと、日本では貿易は軽視されるので毎年派遣する商船や通常の江戸参府とは厳密に区別すること、書翰の内容は受納されるまで絶対秘密にすべきことなどを助言し、書翰の文章をも起草した。進物には、ヨーロッパの宮廷外交にならって国王の肖像画、そしてオランダの工業・芸術・科学の力を見せつける銃器やさまざまな手工業製品、ヨーロッパとオランダ領東インドの地図、書籍類が選ばれ、そこには彼自身の『日本植物誌』『日本動物誌』も含まれていた。

国王書翰に対し日本側は、「阿蘭陀《おらんだ》政府諸公閣下」宛に漢文で老中《ろうじゅう》連署の返書を渡した。植民省はこの返書をシーボルトに委ね、ホフマンがオランダ語に翻訳した。シーボルトは返書訳文についての意見を植民大臣に提出し、日本政

▼**ウィレム二世の親書**　この文書は従来オランダ国王の日本開国勧告とされてきた。松方冬子氏によれば、その目的は薪水給与令が開国政策への転換の兆しなのか便宜的譲歩なのかを探るものと評価される。

府が、従来の通商関係をオランダと維持しようとしていることを指摘した。

日本の開国をめぐって

シーボルトは、これまでヨーロッパで唯一貿易を許されていたオランダが、平和的手段で日本が開国することに貢献し、他の国々とともにその利益を享受すべきだと考えていた。アメリカが開国を求める使節の派遣を計画していることを知ると、オランダは、その情報を日本に伝え、オランダとの条約交渉を提案すべく、新商館長ドンケル＝クルチウス▲に全権をあたえた。一八五二（嘉永《かえい》五）年七月ドンケル＝クルチウスより長崎奉行《ぶぎょう》に提出された「日本対外条約試案」は、シーボルトの提案をもとに、長崎一港に限定して貿易を行なうなど、これまでオランダがえてきた条件をもとにしたものだったが、日本側は交渉に応じなかった。

一方、シーボルトは、オランダ政府筋から情報をえるとともに、ペリー▲艦隊に参加した画家ハイネ▲とニューヨーク・トリビューンの特派員テーラー▲の二人と、派遣隊の出発前に手紙のやりとりをしていたことが、宮坂正英氏の「ブラ

▼**ヤン＝ヘンドリック＝ドンケル＝クルチウス**　一八一三〜七九年。一八五二年日本に着任した最後のオランダ商館長。日蘭《にちらん》和親条約、同修好通商《しゅうこうつうしょう》条約を締結した。

▼**マシュー＝カルブレイス＝ペリー**　一七九四〜一八五八年。アメリカの東インド艦隊司令官、遣日特使。一八五三（嘉永六）年に浦《うら》賀《が》に入港。翌年再来日し、日米和親条約を締結した。

▼**ペーター＝ベルンハルト＝ヴィルヘルム＝ハイネ**　一八二七〜八五年。ドイツ人の画家で多くの学術調査に同行して学術資料となる絵を描いた。

▼**ベイヤード＝テーラー**　一八二五〜七八年。アメリカの作家・詩人でジャーナリスト。派遣隊の行動記録を担う彼らは学術的調査も担当していた。

ンデンシュタイン家文書」による研究で明らかにされた。二人はそれぞれ彼に助言を求め、また日本開国交渉をめぐり、アメリカ艦隊の武力行使の可能性についても議論していた。シーボルトは武力行使には一貫して反対であり、そのような交渉は成功しないと考えていた。返答として彼が予測した⑴日本の祖法は不変で変更不可能、⑵直接江戸へ行くのは外交儀礼に反する、⑶日本には外国への輸出商品がない、⑷日本には外国製品は必要ない、⑸開国には天皇の裁可が必要、という各点は、幕府の考えをよく理解したものといえるが、ペリーには受け入れられず、アメリカは一八五四(安政《あんせい》元)年三月、日米《にちべい》和親《わしん》条約▲を結んだ。シーボルトが一八五四年に発表した小冊子『日本の国際的通商航海に関するオランダ、ロシア両国の尽力の原資料による記述』に対し、ペリー艦隊の公式記録『ペリー提督日本遠征記』の編者ホークスは、手厳しい批判をしている。

シーボルトは、ロシアとも接触している。長年ロシア所在史料の研究を続けてきた保田孝一氏によれば、シーボルトがプロイセン駐在のロシア外交官に送った一八五二年十一月八日付の対日開国交渉を成功させる方策に関する手紙を受け、ロシア政府は一八五三年初めシーボルトをサンクト・ペテルブルクへ招

▼**日米和親条約**　一八五四年三月三十一日(安政元年三月三日)、江戸幕府が横浜でアメリカの使節ペリーと締結した最初の近代的条約で、下田・箱館へのアメリカ船の寄港を認めた。

き、意見を聞いた。すでに一八五二年初秋、全権使節プチャーチン▲は「訓令」を受けて出発していたが、シーボルトの助言を参考に具体的な交渉方法などについての「追加訓令」と「通商航海条約素案」が送られ、一八五三年八月、長崎到着目前のプチャーチンに届いた。シーボルトは、江戸近辺でなく、日本の法律を守り唯一の開港地長崎へ向かい、長崎奉行をとおして交渉すべきこと、日本政府が余儀なく交渉にはいるよう、国境画定の話から始めること、長崎奉行への書翰、ついで老中への書翰と順次渡すこと、など、日本についての知識を背景に助言をしたとされる。プチャーチンは必ずしもその助言に従ったわけではなく、みずからの判断で条約の政府素案を修正して交渉に臨んでおり、とくに、シーボルトがこだわる長崎はロシアに有利ではないとして、当初大坂と箱館《はこだて》を要求し、最終的には下田《しもだ》・箱館・長崎が開港地となった。それでも、シーボルトは、ロシアの和親条約締結は、彼の助言を採用したロシア政府の成功ととらえている。

　シーボルトは、オランダ政府に対しても奉仕を申し出、しかるべき身分を求めた。植民大臣の聴聞にあずかり、条約締結のための国王使節として日本にい

▼**エブフィーミー＝ワシリエビッチ＝プチャーチン**　一八〇三〜八三年。ロシア海軍軍人。一八五三(嘉永六)年長崎に来航、翌年、翌々年にも来日し、五五(安政二)年下田で日露《にちろ》和親条約を締結した。

たドンケル＝クルチウスに送る書面を作成し、個人の脇荷《わきに》貿易▲と政府貿易の統一など、貿易と開港地について意見を述べた。彼は脇荷貿易責任者への任命、植民省内の日本担当部署、ジャワ滞在の蘭領東インド政府の顧問など自分にふさわしい役職を要求し続けたが、納得できる地位をえることはできなかった。

追放の解除と再来日時の活動

一方日本では、おそらく本人の意を受けて、ドンケル＝クルチウスが長崎奉行に対しシーボルトの追放解除を申請し、一八五七(安政四)年十二月には許可されていた。日本再訪はシーボルトの積年の願いであり、植民省からオランダ貿易会社への出向のような形で、会社顧問として二年間日本に赴任することとなった。シーボルトはさらに日本総領事の職を希望していたともいわれ、自身の再訪に政治的意味合いを持たせようとしたが、植民省はそれを望まなかった。

一八五九(安政六)年四月、シーボルトは一二歳の長男のアレクサンダーを同行し、ふたたび日本へ向けて旅立ち、八月四日長崎に到着した。▲沓澤宣賢氏は、ジョン＝マクリーン氏が紹介した「オランダ植民省秘密記録」および「横浜領事

▼**脇荷貿易**　オランダ東インド会社時代から、オランダ船の積荷には会社の荷物のほかに個人所有の荷物があった。日本側は両者を本方《もとかた》と脇荷という区分でとらえていた。

▼**再来日の経路**　マルセイユからアレキサンドリアへ向かい、陸路でカイロをへて(スエズ運河はまだ建設中だった)紅海《こうかい》へ出、シンガポール、バタフィア、上海に立ち寄り、同地からはイギリスの汽船を用いた。

館文書」、日本側の外交文書集などを総合して、シーボルトの日本での活動を跡づけている。それによれば、早速彼は長崎奉行に書面を提出し、日本はもちろん、オランダやそれ以外の外国とのあいだに立って役立ちたい、と再来日の理由を述べている。その後も長崎奉行に対して、貨幣交換の規則の改正、長崎への保税倉庫の設立、石炭開発のためのヨーロッパからの技術者招聘《しょうへい》など、多くの建策をしている。反面、会社の顧問としての働きはさほどめだたず、評価もされなかった。会社との契約が終る前に、シーボルトは長崎奉行に、日本のために働くための滞在許可を求めた。幕府はこれを認め、当面一年間、「学問およびその他の事件」について質問するため、シーボルトが神奈川に来ることを求めた。

一八六一(文久《ぶんきゅう》元)年四月十九日、横浜《よこはま》へ到着した彼は、数日後には神奈川奉行と会談し、条約を締結した七カ国について質問を受けた。イギリスやフランスよりロシアに親近感を持つシーボルトは、ロシアとプロイセンを重視する説明をしている。また、イギリス公使オールコック▲の発案で計画された開港開市延期交渉の使節団についても意見を求められた。その後も神奈川奉行・外国

▼**ラザフォード＝オールコック**
一八〇九〜九七年。清国福州《ふくしゅう》領事をつとめたのち、一八五九(安政六)年駐日総領事として来日、のちに全権公使《こうし》となり、六四(元治《げんじ》元)年離任。

奉行との会談は何度も行なわれ、その一部始終を彼は、オランダの植民大臣に手紙で詳細に報告している。オランダ政府の役職への希望を持ち続けていたのであろう。一方で彼は、ロシア艦隊の提督《ていとく》リハチョフにも自分の活動のようすを伝えている。

六月十八日には、彼は幕府の手配により江戸の赤羽《あかばね》応接所▲にはいった。この江戸入りは、オランダの駐日代表部に事前に知らされておらず、領事は幕府に抗議を行なっている。幕府はシーボルトに対し、表向きは学術伝習を行なうことを要請したが、彼はより差し迫った外交や貿易に対して助言をしたいと考え、幕府もそれを望んでいた。七月五日に、高輪東禅寺《たかなわとうぜんじ》のイギリス公使館襲撃事件▲が起こると、シーボルトは怪我《けが》人の救助に駆けつけるとともに、外交顧問として幕府を擁護し、事件の平和的処理のために各国公使と面会するなど奔走する一方、幕府に対し、厳正な措置が必要であることを指摘した。

帰国と晩年

当初よりシーボルトに政治的活動をさせることに否定的であったオランダ政

▼**赤羽応接所**　幕末、外国使臣《ししん》の宿所、交渉の場として幕府が新設した建物。芝《しば》赤羽に一八五九年に建設された。

▼**イギリス公使館襲撃事件**　一八六一年、江戸高輪の東禅寺におかれていたイギリス仮公使館を水戸浪士《みとろうし》が襲撃し、書記官オリファント、長崎領事モリソンが負傷した事件。

府は、一八六〇(万延元《まんえん》)年十二月の段階ですでに、彼の建策は個人意見にすぎないと長崎奉行に伝えており、その後の横浜・江戸での活動も私的なものと見なしていた。しかし、彼の日本人への影響力とその独断的行動は、看過できないものとなっていった。東禅寺事件でのシーボルトの奔走は、各国外交官の疑念を呼んだ。長崎一港での貿易への固執やロシア寄りの態度も、英仏と協調して全港開港をめざすオランダの方針の障害となった。一八六一年七月十一日、オランダ総領事デ゠ウィットは、蘭領東インド総督《そうとく》にその意見を述べた書翰を送り、シーボルトに対しても「勝手に江戸に滞在しているのであり、オランダの保護は期待できない」と伝えている。主観的にはオランダに対して忠誠をつくしてきたつもりだったシーボルトは、この書翰におおいに傷ついたと植民大臣に訴えている。

日本側も、一八六一(文久元)年二月にロシア軍艦が対馬《つしま》を占拠したいわゆる対馬事件▲の解決に際し、イギリスの力を借りようとしていた事情があり、長崎一港案を放棄せざるをえなくなっていた。デ゠ウィットは一八六一年十月十日、老中安藤信正《あんどうのぶまさ》▲と会談し、幕府がシーボルトをいったん解雇することを受け入れ

▼対馬事件　一八六一年二月、ロシアの軍艦ポサドニク号が対馬の芋崎《いもざき》に停泊・上陸し、営舎を建設、約半年にわたり同地を占拠したが、イギリスの強硬な交渉により退去した。

▼安藤信正　一八一九〜七一年。陸奥国《むつのくに》磐城《いわき》平《だいら》藩主、一八六〇年老中となり、井伊直弼《いいなおすけ》暗殺後は久世広周《くぜひろちか》と幕閣の中心となり、公武《こうぶ》合体《がったい》政策を進めるとともに、外交問題を担当した。

させた。十月十三日に幕府からの通告を受け、十一月十七日、シーボルトは江戸を離れた。オランダ政府からも、総督に対し、彼をバタフィアに召還するよう命令が届いた。翌一八六二(文久二)年五月七日、シーボルトは長崎を離れ、六月十七日、バタフィアへ到着した。息子アレクサンダーはイギリス公使館の通訳として日本にのこることになった。バタフィアで彼はなおも名誉と地位の挽回をはかり運動したが、一八六二年七月には日本と中国に関する問題の管轄は、植民省から外務省に移った。十一月十四日にバタフィアを発ったシーボルトは、翌一八六三年一月にはヨーロッパに戻り、十月には最終的にオランダ政府の職務を退いた。

政治的活動に明け暮れたかに見えるシーボルトの再来日のもう一つの目的は、大著『日本』の完成であった。旧知の人びとや弟子たちと再会を果たした彼は、とくに三瀬《みせ》周三《しゅうぞう》を身辺におき、未完成部分「憲法と国家行政と法律」についてオランダ語で記述させている。また、長崎における治療活動、江戸における幕府役人や医師・技術者たちへの講義などの教育活動にも従事している。そして、おもに江戸において、あらたな日本コレクションの収集を行なっていた。

ドイツに戻った彼は、なおも日本に関する著作の完成をめざしたが、日本から発送した資料の一部は彼の手元に届かなかった。▲アレクサンダーを取次ぎに日本人と文通し、ロシアの海軍大臣への手紙で江戸への派遣を願い、ドイツの新聞に下関《しものせき》事件についての論文を発表するなど、彼は日本との関係を求め続けた。一八六五年十月にはパリへでかけて日本からの遣欧使節《けんおうしせつ》▲の世話を焼き、またナポレオン三世に日仏《にちふつ》貿易会社の設立を説いた。しかし、普仏《ふふつ》戦争▲のため計画は実現せず、さまざまな手をつくしても日本再訪の道は開けなかった。

一八六六年、シーボルトは第二次来日時の収集品をバイエルン政府に売却し、それを展示する博物館の準備のためミュンヘンに滞在した。日本の外国掛《がかり》老中にバイエルンへの留学生派遣を勧める手紙を送るなど、なおも志は衰えていなかったが、風邪から敗血症を起こし、十月十八日、七〇歳の生涯を閉じた。

シーボルトののこしたもの

多くの先学に導かれ、シーボルトの生涯を駆け足で見てきた。彼の活動はおもに、⑴西洋の自然科学・医学の日本への紹介、⑵日本についての研究と収集、

▼**未着の資料**　宮坂正英「書簡が語るシーボルト最晩年の日々」(『よみがえれ！　シーボルトの日本博物館』国立歴史民俗博物館監修、青幻舎、二〇一六年)によれば、離日後に発送の一六箱が届かず、植物標本や草稿が未着のため、彼は再訪日を切望していたという。

▼**遣欧使節**　この時パリには、横浜製鉄所の開設に向けた技術者雇用や資材等購入、陸海軍伝習の教官派遣要請のため、外国奉行柴《しば》田剛中《たけなか》を正使とする幕府の使節が滞在していた。

▼**普仏戦争**　一八七〇〜七一年のプロイセンとフランスの戦争。フランスの敗北に終った。

ヨーロッパへの紹介、⑶日本の西欧諸国との外交樹立への助言、という三つの点から語られてきた。シーボルトという人間の強烈な自我が、自分がもっとも日本についてよく知り、日本人に豊かな知識をあたえることができ、日本の国に貢献することができるという自己認識により、彼の行動を形成していた。それは、主観的には、日本への強い愛着と、学問への真摯《しんし》な取組みに由来する、善良な好意に満ちたものであったが、しばしば周囲との軋轢《あつれき》を生んだ。⑴⑵における大きな業績と比して、⑶がおおむね失意に終った理由もそこにあった。

分立する小国の一つに生まれた彼は、どこかの国への帰属にさほどの関心がなかったのかもしれない。オランダ政府から四〇年間俸給を受け、自身は忠誠をつくしてきたつもりではあったが、そのやり方は、専一に国家のために働く官僚とは、異質なものであった。彼の本質は、西欧近代国家の利害がせめぎあう場にはなじまぬ、一国にとらわれない徹底した「個人」だったのであろう。

シーボルトの死後、コレクションのうち、第一次の訪日で入手された民族学関係の品々は、オランダのライデン国立民族学博物館に、ブロムホフやフィッセルのコレクションとともに所蔵されている。▲彼自身の分類は、日本の輸出品

▼**シーボルト・コレクション**
動植物に関する標本などは、同じライデンの自然史博物館に移管され、書籍はライデン大学図書館のものとなっている。

としての有用性という観点が特徴とされる。第二次の訪日で入手されたコレクションは、前述のように、ドイツのミュンヘン国立民族学博物館のもととなった。彼は早くから、こうした民族学的コレクションを収蔵・展示する民族学博物館を建設することを提唱しており、彼ののこしたコレクションは、オランダとドイツにおいて、それぞれの民族学博物館の中核をなしているのである。

彼に関する文書類は、ほかにオランダ国立中央文書館、ドイツのボーフム大学、ボン大学、ミュンヘン国立図書館、ベルリン国立図書館、さらにイギリスやフランス・インドネシアにものこっていることが確認されている。

一方、私的な手紙や原稿・遺品などはその末裔に継承され、ドイツのヘッセン州シュルヒテルン市郊外ブランデンシュタイン城にあるフォン゠ブランデンシュタイン゠ツェッペリン家の文書が最大のものである。近年長崎のシーボルト記念館がマイクロフィルムを入手し、日独の協力で解読が進められている。

シーボルトののこした子どもたち、日本人女性たちとのあいだに生まれた楠《くす》本《もと》▲イネは、女医として活躍した。長男アレクサンダーは、父の第二次来日に従い、マレー語・日本語を身につけイギリス公使館の通訳官となった。一八六一

ライデンの国立民族学博物館　シーボルトの一回目の訪日時のコレクションを収蔵する。

▼**楠本イネ**　一八二七〜一九〇三年。シーボルトと遊女《ゆうじょ》其扇(本名たき)の娘。シーボルト退去後、伊予宇和島《いようわじま》の門弟二宮敬作《にのみやけいさく》に育てられ、蘭方《らんぽう》医学、産科を学び、産科の女医として東京で開業した。

(文久元)年には幕府の遣欧使節団に同行し、その後明治政府の外交顧問として岩倉《いわくら》使節団への同行、ベルリン日本公使館での勤務など日本外交のために働き、日本の美術工芸品を数多くヨーロッパにもたらした。次男のハインリヒは、父の『日本』を完成させることをめざして日本の考古学の研究を行ない、またオーストリア・ハンガリー公使館に勤務した。膨大な日本関係の収集品はオーストリア皇帝に献上され、ウィーンの国立民族学博物館の日本コレクションの基礎となった。

そして彼の総合的・自覚的指導を受けた日本の門人たちは、西欧から進んだ学問を学ぶ志向を決定的に強め、医学のみに限らぬ西欧の学問の伝道者として、「シーボルト先生」の名を強く、長く、日本の学界に刻印していったのである。

写真所蔵・提供者一覧(敬称略，五十音順)

Wolfgang MICHEL　カバー裏，扉，p. 19
京都大学生物科学専攻図書室　p. 71右・左，72
京都大学附属図書館　p. 40
国立大学法人九州大学附属図書館　p. 24
財団法人松浦史料博物館　p. 27
たばこと塩の博物館　p. 32
独立行政法人国立公文書館　p. 66，67
長崎大学附属図書館経済学部分館　p. 52
長崎歴史文化博物館　カバー表，p. 56
放送大学附属図書館　p. 53，59，73
松平定純・東京大学史料編纂所　p. 25

石山禎一・沓澤宣賢・宮坂正英・向井晃編『新・シーボルト研究』Ⅰ自然科学編，Ⅱ社会・文化・芸術編，八坂書房，2003年
石山禎一・牧幸一訳『シーボルト日記　再来日時の幕末見聞記』八坂書房，2005年
板沢武雄『シーボルト』吉川弘文館，1960年
岩生成一ほか『シーボルト「日本」の研究と解説』講談社，1977年
岩生成一監修『シーボルト「日本」』本文6巻図録3巻，雄松堂出版，1977～79年
上原久『高橋景保の研究』講談社，1977年
大場秀章『花の男シーボルト』（文春新書）文藝春秋，2001年
大場秀章監修・解説『シーボルト日本植物誌』（ちくま学芸文庫）筑摩書房，2007年
大森實編『PH.FR.VONシーボルトと日本の近代化：法政大学第11回国際シンポジウム』法政大学，1992年
カウヴェンホーフェン，フォラー『シーボルトと日本　その生涯と仕事』Hotei，2000年
季刊『日本思想史』55号「特集シーボルト」1999年
ヨーゼフ゠クライナー編『黄昏のトクガワ・ジャパン――シーボルト父子の見た日本』（NHKブックス842）日本放送出版協会，1998年
栗原福也編訳『シーボルトの日本報告』（東洋文庫784）平凡社，2009年
呉秀三『シーボルト先生　其生涯及功業』吐鳳堂，1896年（名著出版，1979年／東洋文庫103，115，117，平凡社，1967～68年）
ハンス゠ケルナー著，竹内精一訳『シーボルト父子伝』創造社，1974年
ヴォルフガング゠ゲンショレク著，眞岩啓子訳『評伝シーボルト――日出づる国に魅せられて』講談社，1993年
斎藤信訳（シーボルト著）『江戸参府紀行』（東洋文庫87）平凡社，1967年
斎藤信訳（A. ジーボルト）『ジーボルト最後の日本旅行』（東洋文庫398）平凡社，1981年
長崎シーボルト記念館『鳴滝紀要』創刊号～，長崎市教育委員会，1991年～
永積洋子「通商の国から通信の国へ」『日本歴史』458号，1986年
秦新二『文政十一年のスパイ合戦：検証・謎のシーボルト事件』文藝春秋，1992年（文春文庫，1996年）
法政大学フォン・シーボルト研究会編『シーボルト研究』1～7，1982～90年
L. B. ホルサイス・酒井恒『シーボルトと日本動物誌――日本動物史の黎明』学術書出版会，1970年
松方冬子「オランダ国王ウィレム二世の親書再考：一八四四年における『開国勧告』の真意」『史学雑誌』114編9号，2005年
宮崎道生編『シーボルトと鎖国・開国日本』思文閣出版，1997年
保田孝一編著，高橋輝和・倉地克直・木之下忠敬共訳『文久元年の対露外交とシーボルト』岡山大学吉備洋学資料研究会，1995年
箭内健次・宮崎道生編『シーボルトと日本の開国・近代化』続群書類従完成会，1997年
J. マックリーン「シーボルトと日本の開国一八四三―一八六六」横山伊徳編『幕末維新と外交』（幕末維新論集7）吉川弘文館，2001年

参考文献

今井正編訳(ケンペル著)『日本誌　日本の歴史と紀行』霞ヶ関出版, 改訂増補新版 2001年

今村英明『オランダ商館日誌と今村英生・今村明生』ブックコム, 2007年

大島明秀『「鎖国」という言説　ケンペル著・志筑忠雄訳『鎖国論』の受容史』ミネルヴァ書房, 2009年

片桐一男『阿蘭陀通詞今村源右衛門英生　外つ国の言葉をわがものとして』(丸善ライブラリー 145) 丸善, 1995年

ヨーゼフ＝クライナー編『ケンペルのみた日本』(NHKブックス762) 日本放送出版協会, 1996年

呉秀三訳註『ケンプェル江戸参府紀行』(異国叢書５) 駿南社, 1928～29年(雄松堂出版, 1966年復刻版)

国立民族学博物館・ドイツ日本研究所編『ケンペル展　ドイツ人の見た元禄時代』(展示図録) 1991年

小堀桂一郎『鎖国の思想　ケンペルの世界史的使命』(中公新書358) 中央公論社, 1974年

斎藤信訳(ケンペル著)『江戸参府旅行日記』(東洋文庫303) 平凡社, 1977年

B. M. ボダルト＝ベイリー著, 中直一訳『ケンペルと徳川綱吉』(中公新書1168) 中央公論社, 1994年

B. M. ボダルト＝ベイリー・デレク＝マサレラ編, 中直一・小林小百合訳『遥かなる目的地　ケンペルと徳川日本の出会い』大阪大学出版会, 1999年

B. M. ボダルト＝ベイリー著, 中直一訳『ケンペル：礼節の国に来たりて』(ミネルヴァ日本評伝選) ミネルヴァ書房, 2009年

カール＝マイヤー著, 宮坂真喜弘訳『東洋奇観　エンゲルベルト・ケンペルの旅』八千代出版, 1980年

Engelbert Kaempfer, *Heutiges Japan*, herausgegeben von Wolfgang Michel und Barend J. Terwiel(Buch 1, Kapitel 1 und 2), 2vols. München: Iudicium, 2001.

佐藤昌介『洋学史研究序説―洋学と封建権力―』岩波書店, 1964年

高橋文訳(ツュンベリー著)『江戸参府随行記』(東洋文庫583) 平凡社, 1994年

日本学術会議・日本植物学会編『ツュンベリー研究資料』日本学術会議, 1953年

沼田次郎訳『ティチング日本風俗図誌』(新異国叢書７) 雄松堂出版, 1970年

沼田次郎『洋学』吉川弘文館, 1989年

山田珠樹訳『ツンベルグ日本紀行』(異国叢書４) 駿南社, 1928年(雄松堂出版, 1966年復刻版)

横山伊徳編『オランダ商館長の見た日本　ティツィング往復書翰集』吉川弘文館, 2005年

木村靖二編『新版 世界各国史13　ドイツ史』山川出版社, 2001年

森田安一編『新版 世界各国史14　スイス・ベネルクス史』山川出版社, 1998年

石山禎一編著『シーボルトの日本研究』吉川弘文館, 1997年

石山禎一著『シーボルト：日本の植物に賭けた生涯』里文出版, 2000年

シーボルトとその時代

西暦	年号	齢	おもな事項
1796	寛政8		*2-17* シーボルト，ヴュルツブルクで誕生
1799	11	3	*12-* オランダ東インド会社解散
1804	文化元	8	9- ロシア使節レザノフ，長崎に来航
1806	3	10	*8-* 神聖ローマ帝国消滅
1814	11	18	*5-30* パリ講和条約でオランダ王国の独立承認
1815	12	19	*11-* ヴュルツブルク大学へ入学
1820	文政3	24	*9-* 大学を卒業，ハイディングスフェルトで開業医となる
1822	5	26	*6-* オランダ軍医に任命され，*9-* ジャワへ向かう
1823	6	27	*2-13* バタフィアへ到着，*4-18* 日本商館の医官に任命され，*8-12* 日本上陸
1824	7	28	*6*ごろ- 鳴滝で塾を開く
1825	8	29	2- 幕府，諸大名に異国船打払いを命じる
1826	9	30	*2-15* 江戸参府に出発，*7-7* 長崎帰着
1827	10	31	*5-31* 其扇(楠本たき)，シーボルトの娘イネを出産
1828	11	32	*11-16* 高橋景保捕縛。*12-16* シーボルト宅捜索を受ける
1829	12	33	*10-22* 国外追放の判決，*12-30* 長崎を離れる
1830	天保元	34	*1-28* バタフィアへ到着，*3-* バタフィアを発ち，*7-7* オランダに到着
1831	2	35	この年，ベルギーがオランダから分離独立
1832	3	36	この年，『日本』第一分冊出版
1833	4	37	この年，『日本動物誌』第一分冊出版
1834	5	38	この年，『日本』販売のためヨーロッパ各地を旅する
1835	6	39	この年，『日本植物誌』第一分冊出版
1844	弘化元	48	*8-* オランダ国王の将軍宛親書が長崎に届く
1845	2	49	*7-10* ヘレーネ゠フォン゠ガーゲルンと結婚
1846	3	50	*8-16* 長男アレクサンダー誕生
1848	嘉永元	52	*9-27* 長女ヘレーネ誕生
1850	3	54	*9-27* 次女マティルデ誕生
1852	5	56	*7-31* 次男ハインリヒ誕生
1853	6	57	6- ペリー，浦賀に来航。7- プチャーチン，長崎に来航
1854	安政元	58	*3-8* 三男マキシミリアン誕生。3-3 日米和親条約締結
1858	5	62	7-10 日蘭修好通商条約締結
1859	6	63	*8-4* 長崎に到着
1861	文久元	65	*4-13* 長崎を発つ，*4-19* 横浜到着，*6-* 江戸へ，*10-13* 江戸退去の申渡しを受け，*11-17* 江戸を去る
1862	2	66	*1-22* 長崎に到着，*5-7* 長崎を発ち，*11-14* バタフィア発
1863	3	67	*1-10* ボンに戻る，*10-7* 依願退職
1864	元治元	68	この年，ヴュルツブルクへ戻る
1866	慶応2	70	*4-* ミュンヘンへ赴き，*10-18* 同地で死去
1868	明治元		1-15 新政府，王政復古を各国公使に通告

ケンペルと18世紀

西暦	年号	齢	おもな事項
1651	慶安4		*9-16* ケンペル，レムゴーに生まれる
1667	寛文7	16	ハーメルンのラテン語学校に入学
1668	8	17	リューネブルク，リューベック，この後ダンツィヒで学ぶ
1674	延宝2	23	この年以降，トールン，クラカウ，ケーニヒスベルクで学ぶ
1680	8	29	**7**- 徳川綱吉，５代将軍となる
1681	天和元	30	この年スウェーデンへ，ウプサラ，ストックホルムに滞在
1683	3	32	*3-20* ストックホルムを出発，*7-10* モスクワでピョートル１世に謁見
1684	貞享元	33	*3*-末 イスファハンに到着，*7-30* 国王の謁見，使節の任務終了後，*12*- オランダ東インド会社に就職
1685	2	34	*11*- イスファハンを発ち，年末ガムロンに到着
1688	元禄元	37	*6-30* ガムロンを出発，*8*- インドに到着，滞在
1689	2	38	*10*- バタフィアに到着
1690	3	39	*5-7* バタフィア出発，シャム経由，*9-25* 日本上陸
1691	4	40	*2-13* 江戸参府に出発，*3-29* 綱吉に拝礼，*5-7* 長崎帰着
1692	5	41	*3-2* 江戸参府に出発，*4-21・24* 拝礼，*5-21* 長崎帰着，*10-31* 長崎を発つ
1693	6	42	*1*- バタフィアに到着，*10*- オランダに到着
1694	7	43	この年，ライデンで博士号をえて，*8*- 故郷へ戻る
1698	11	47	*12*- リッペ伯の侍医となる
1700	13	49	*12*- 16歳のマリア＝ソフィア＝ヴィルスタハと結婚
1712	正徳2	61	この年，『廻国奇観』出版
1716	享保元	65	**8**- 徳川吉宗，８代将軍となる。*11-2* レムゴーで死亡
1727	12		この年，『日本誌』英語版(ショヒツァー編)出版
1729	14		この年，『日本誌』蘭・仏語訳版出版
1741	寛保2		**4**- 野呂元丈，『阿蘭陀本草和解』を著わす
1754	宝暦4		閏**2**- 山脇東洋ら，京都で死体解剖を行なう
1772	安永元		**1**- 田沼意次，老中となる
1774	3		**8**-『解体新書』が刊行される
1775	4		*8*- 商館医師ツュンベリー，日本に到着，翌年まで滞在
1777	6		この年，『日本誌』ドイツ語版(ドーム編)刊行開始(～79)
1779	8		*8*- 商館長ティツィング，日本に到着，翌年まで滞在
1781	天明元		*8*- ティツィング，２度目の来日(～83)
1784	4		*8*- ティツィング，３度目の来日
1787	7		**6**- 松平定信，老中となる
1789	寛政元		*7*- フランス革命始まる
1790	2		**9**- 貿易半減令，江戸参府４年に１回となる
1791	3		**5**- 最上徳内ら，エトロフ島にいたる
1795	7		*1*- フランス革命軍，オランダを占領

イタリック数字は西暦，**ゴチック数字**は和暦の月日を示す。年齢は満で計算。

松井洋子(まつい ようこ)
1957年生まれ
東京大学大学院人文科学研究科博士課程単位取得退学
専攻，日本近世史
現在，東京大学名誉教授
主要著書・論文
「出島と唐人屋敷」
(荒野泰典編『日本の時代史14　江戸幕府と東アジア』吉川弘文館2003)
「ティツィングの伝えようとした「日本」」
(横山伊徳編『オランダ商館長の見た日本』吉川弘文館2005)
「ジェンダーから見る近世日本の対外関係」
(荒野泰典他編『日本の対外関係6　近世的世界の成熟』吉川弘文館2010)
「長崎と丸山遊女―直轄貿易都市の遊郭社会―」
(佐賀朝・吉田伸之編『シリーズ遊郭社会1　三都と地方都市』吉川弘文館2013)
『ライデン国立民族学博物館蔵　ブロムホフ蒐集目録』
(共編訳著，臨川書店2016)

日本史リブレット人 062

ケンペルとシーボルト

「鎖国」日本を語った異国人たち

2010年9月20日　1版1刷　発行
2025年8月20日　1版5刷　発行

著者：松井洋子《まついようこ》

発行者：野澤武史

発行所：株式会社 山川出版社

〒101－0047　東京都千代田区内神田1－13－13
電話　03(3293)8131(営業)
　　　03(3293)8134(編集)
https://www.yamakawa.co.jp/

印刷所：信毎書籍印刷株式会社

製本所：株式会社 ブロケード

装幀：菊地信義

ISBN 978-4-634-54862-6

日本史リブレット 人

1 卑弥呼と台与——仁藤敦史
2 倭の五王——森　公章
3 蘇我大臣家——佐藤長門
4 聖徳太子——大平　聡
5 天智天皇——須原祥二
6 天武天皇と持統天皇——義江明子
7 聖武天皇——寺崎保広
8 行基——鈴木景二
9 藤原不比等——坂上康俊
10 大伴家持——鐘江宏之
11 桓武天皇——西本昌弘
12 空海——曾根正人
13 円仁と円珍——河野保博
14 菅原道真——大隅清陽
15 藤原良房——今　正秀
16 宇多天皇と醍醐天皇——川尻秋生
17 平将門と藤原純友——下向井龍彦
18 空也と源信——岡野浩二
19 藤原道長——大津　透
20 清少納言と紫式部——丸山裕美子
21 後三条天皇——美川　圭
22 源義家——野口　実
23 奥州藤原三代——斉藤利男
24 後白河上皇——遠藤基郎
25 平清盛——上杉和彦
26 源頼朝——高橋典幸
27 重源と栄西——久野修義
28 法然——平　雅行
29 北条時政と北条政子——関　幸彦
30 藤原定家——五味文彦
31 後鳥羽上皇——杉橋隆夫
32 北条泰時——三田武繁
33 日蓮と一遍——佐々木馨
34 北条時宗と安達泰盛——福島金治
35 北条高時と金沢貞顕——永井　晋
36 足利尊氏と足利直義——山家浩樹
37 後醍醐天皇——本郷和人
38 北畠親房と今川了俊——近藤成一
39 足利義満——伊藤喜良
40 足利義政と日野富子——田端泰子
41 蓮如——神田千里
42 北条早雲——池上裕子
43 武田信玄と毛利元就——鴨川達夫
44 フランシスコ＝ザビエル——浅見雅一
45 織田信長——藤田達生
46 徳川家康——藤井讓治
47 後水尾院と東福門院——山口和夫
48 徳川光圀——鈴木暎一
49 徳川綱吉——福田千鶴
50 渋川春海——林　淳
51 徳川吉宗——大石　学
52 田沼意次——深谷克己
53 遠山景元——藤田　覚
54 酒井抱一——玉蟲敏子
55 葛飾北斎——大久保純一
56 塙保己一——高埜利彦
57 伊能忠敬——星埜由尚
58 近藤重蔵と近藤富蔵——谷本晃久
59 二宮尊徳——舟橋明宏
60 平田篤胤と佐藤信淵——小野　将
61 大原幽学と飯岡助五郎——高橋　敏
62 ケンペルとシーボルト——松井洋子
63 小林一茶——青木美智男
64 鶴屋南北——諏訪春雄
65 中山みき——小澤　浩
66 勝小吉と勝海舟——大口勇次郎
67 坂本龍馬——井上　勲
68 土方歳三と榎本武揚——宮地正人
69 徳川慶喜——松尾正人
70 木戸孝允——一坂太郎
71 西郷隆盛——徳永和喜
72 大久保利通——佐々木克
73 明治天皇と昭憲皇太后——佐々木隆
74 岩倉具視——坂本一登
75 後藤象二郎——村瀬信一
76 福澤諭吉と大隈重信——池田勇太
77 伊藤博文と山県有朋——西川　誠
78 井上馨——神山恒雄
79 河野広中と田中正造——飯塚　彬
80 尚泰——川畑　恵
81 森有礼と内村鑑三——狐塚裕子
82 重野安繹と久米邦武——松沢裕作
83 徳富蘇峰——中野目徹
84 岡倉天心と大川周明——塩出浩之
85 渋沢栄一——井上　潤
86 三野村利左衛門と益田孝——森田貴子
87 ボワソナード——池田眞朗
88 島地黙雷——山口輝臣
89 児玉源太郎——大澤博明
90 西園寺公望——永井　和
91 桂太郎と森鷗外——荒木康彦
92 高峰譲吉と豊田佐吉——鈴木　淳
93 平塚らいてう——差波亜紀子
94 原敬——季武嘉也
95 美濃部達吉と吉野作造——古川江里子
96 斎藤実——小林和幸
97 田中義一——加藤陽子
98 松岡洋右——田浦雅徳
99 溥儀——塚瀬　進
100 東条英機——古川隆久

〈白ヌキ数字は既刊〉